資格獲得
中国語ニューステップ。(CD付)
資格試験を攻略しよう！

金 路 著

駿河台出版社

付属のCDは本文中の✿の番号に対応しています。

まえがき

　中国語の勉強を始めた学習者は中国語の学習を進めていくうえで自らの学力を確認するため中国語検定試験、HSK（汉语水平考试）、TECC（Test of Communicative Chinese）を受験することができます。

　本書は『資格獲得中国語の第一歩』の姉妹篇で、中国語検定試験3級（以下中検3級という）、HSK 4～5級、TECC中級を受験する学習者を念頭において書いたものです。中検3級、HSK 4～5級の認定基準は一般大学で第2外国語として2年間履修（200時間～300時間）した程度で、一般常用語彙1000以上2000ならびに中国語文法の一般的事項をマスターしていて、簡単な日常会話ができ、常用語1000～2000を利用した複文を含めた基本的な文章を読み、書くことができるものです。TECC中級の認定基準は日常生活語彙1000～2000語ならびに中国語文法の一般的事項をマスターしていて、簡単な依頼や旅行など、特定の場面や限定的な範囲でのコミュニケーションができることです。具体的に言うと、中検3級、HSK 4～5級、TECC中級で要求されているのは、日常の行動、人との応待、自己紹介、買い物、依頼、趣味、嗜好、旅行、通信など、我々の日常生活で最低必要な事柄について、聞く・話すことができることと平易な短い文章を聞き、理解できること、単文のみならず複文も含む初歩的でしかもまとまりがある文章を書けること、単文・複文を組み合わせたやや複雑な叙述文・説明文を読めることです。

　本書の特徴は各課の本文は恋人同士の一日のチャット（メール）での会話の内容からなっており、本文や関連単語、ポイント、練習は日常生活でよく使われている語句及び中検3級、HSK 4～5級、TECC中級で求められている『漢語水平詞彙與漢字等級大綱（国家対外漢語教学領導小組弁公室漢語水平考試部）』の定めた「詞彙等級大綱」に基づいた乙級詞彙、必須事項および知識をわかりやすく取り上げて構成されているところにあ

ります。付録には乙級詞彙2018語を載せているミニ辞書を付けました。勉強に活かしてください。

　学習者のみなさんが本書を中国語の力を身につけ、中検3級、HSK 4～5級、TECC中級向けの勉強に活かして頂ければ著者の喜びです。

　本書の出版するに当たり、駿河台出版社社長井田洋二さん、編集担当の浅見忠仁さんに温かいご支援をいただき、大変お世話になりました。心より御礼を申し上げます。

　　　2003年　冷夏

　　　　　　　　　　　　　　　　　　　　　　　　　　　　著　者

目　　　次

まえがき ……………………………………………………… 3

第一课　**新的一天** ……………………………………… 7
　　　　1．継起関係複文
　　　　2．"给"

第二课　**起床之后** …………………………………… 19
　　　　1．選択関係複文
　　　　2．"从来没有〜过"

第三课　**早餐** ………………………………………… 30
　　　　1．転折関係複文
　　　　2．"可"

第四课　**出门** ………………………………………… 42
　　　　1．因果関係複文
　　　　2．"刚"

第五课　**上班的路上** ………………………………… 53
　　　　1．目的関係複文
　　　　2．譲歩関係複文

5

第六课　上班之后 ································· 65
　　1．累加関係複文
　　2．"趁"

第七课　午休时间 ································· 76
　　1．条件関係複文
　　2．"怪不得"

第八课　下班之后 ································· 88
　　1．取捨関係複文
　　2．連鎖関係複文

第九课　在出租汽车上 ····························· 99
　　1．仮定関係複文
　　2．"以～为"

第十课　收看奥运会实况转播 ······················· 111
　　1．並列関係複文
　　2．緊縮文

ミニ辞書（乙級詞彙2018語） ························· 125
練習問題解答 ····································· 193
日本語訳 ··· 202

新的一天
Xīn de yì tiān

李：你 早。新 的 一 天 又 开 始 了。
　　Nǐ zǎo. Xīn de yì tiān yòu kāishǐ le.

王：今天 你 怎么 起 得 这么 早？
　　Jīntiān nǐ zěnme qǐ de zhème zǎo?

李：你 别 装 糊涂。我 正 要 找 你 算 帐 呢。
　　Nǐ bié zhuāng hútu. Wǒ zhèng yào zhǎo nǐ suàn zhàng ne.

王：怎么 了？
　　Zěnme le?

李：我 正在 做 梦。先 听 见 一 阵 闹钟 响，
　　Wǒ zhèngzài zuò mèng. Xiān tīng jiàn yí zhèn nàozhōng xiǎng,

　　接着 又 听 见 你 的 声音："懒鬼，七 点 了。
　　jiēzhe yòu tīng jiàn nǐ de shēngyīn: "Lǎnguǐ, qī diǎn le.

　　快 起来 吧"。
　　Kuài qǐlai ba".

王：这么 说 幸亏 我 昨天 给 你 买 了 一 台
　　Zhème shuō xìngkuī wǒ zuótiān gěi nǐ mǎi le yì tái

　　智能 闹钟。不然 的话，你 今天 肯定 又 起不来。
　　zhìnéng nàozhōng. Bùrán dehuà, nǐ jīntiān kěndìng yòu qǐbulái.

7

対了。你做了什么梦？能不能告诉我？
Duì le. Nǐ zuò le shénme mèng? Néng bu néng gàosu wǒ?

李：闹钟一响，吓了我一跳，全给忘了。
Nàozhōng yì xiǎng, xià le wǒ yí tiào, quán gěi wàng le.

王：上回做梦当科长。这回是不是又
Shàng huí zuò mèng dāng kēzhǎng. Zhèi huí shì bu shi yòu

当上处长了？哈、哈。
dāng shàng chùzhǎng le? Hā、hā.

做梦	zuò mèng 夢を見る、空想する	幸亏	xìngkuī 幸いにも
装糊涂	zhuāng hútu 知らん顔をする	不然的话	bùrán dehuà そうでなければ
算帐	suàn zhàng かたをつける、仕返しをする、勘定をする	肯定	kěndìng 必ず、肯定（する）
		吓一跳	xià yī tiào びっくりする
闹钟	nàozhōng 目覚まし時計	科长	kēzhǎng 課長
懒鬼	lǎnguǐ 怠け者	处长	chùzhǎng 部長

関連単語(1)

做伴	zuò bàn 相手をする	做寿	zuò shòu 老人の誕生祝いをする
做菜	zuò cài 料理を作る	做文章	zuò wénzhāng いいがかりをつけてあげつらう
做操	zuò cāo 体操をする	做戏	zuò xì 芝居をやる、まねをする
做东	zuò dōng ごちそうをする	做作	zuòzuo わざとらしくする
做法	zuòfǎ やり方	白天	báitiān 昼間
做工	zuò gōng 肉体労働をする	半夜	bànyè 夜中
做鬼脸	zuò guǐliǎn あかんべえをする	夜里	yèli 夜
做客	zuò kè （よその家を訪問し）客になる	准时	zhǔnshí 時間どおりに
做朋友	zuò péngyou 友達になる	打火机	dǎhuǒjī ライター
做人情	zuò rénqíng 人に便宜を図ったり、義理をはたしたりする	镜子	jìngzi 鏡
做买卖	zuò mǎimai 商売をする	门铃	ménlíng ドア、玄関、入り口などに取り付けられた呼び鈴・ブザー
做事	zuò shì 仕事をする	暖水瓶	nuǎnshuǐpíng 魔法瓶
做手脚	zuò shǒujiǎo こっそり手を回す		

9

日历	rìlì カレンダー	教师	jiàoshī 教師
挂历	guàlì 壁掛けの月別カレンダー	教授	jiàoshòu 教授
扇子	shànzi うちわ	教员	jiàoyuán 教員
眼镜	yǎnjìng メガネ	技术员	jìshùyuán 技術者
班长	bānzhǎng 班長	记者	jìzhě 記者
部下	bùxià 部下	科学家	kēxuéjiā 科学者
部长	bùzhǎng 大臣	客人	kèren お客さん
大伙儿	dàhuǒr みんな	上级	shàngjí 上司
大人	dàren 大人	上司	shàngsī 上司
对方	duìfāng 相手	下级	xiàjí 部下
儿童	értóng 児童、子供	校长	xiàozhǎng 校長、学長
个人	gèrén 個人	职工	zhígōng 従業員

訳してみよう（一）

早晨　七点　小李　被　闹钟声　吵醒了。
Zǎochen qī diǎn Xiǎo Lǐ bèi nàozhōngshēng chǎo xǐng le.
闹钟　是　他的　女朋友　小　王　昨天　给　他　买
Nàozhōng shì tā de nǚpéngyou Xiǎo Wáng zuótiān gěi tā mǎi
的。小李　起来　以后，第　一　件　事　是　和　小　王
de. Xiǎo Lǐ qǐlai yǐhòu, dì yī jiàn shì shì hé Xiǎo Wáng
在　网　上　聊　天儿。
zài wǎng shang liáo tiānr.

読んでみよう（一）

小李　毕业　于　北京大学。他　现在　在　一　家
Xiǎo Lǐ bìyè yú Běijīngdàxué. Tā xiànzài zài yī jiā
贸易　公司　工作。他的　女朋友　小　王　也　是　北大
màoyì gōngsī gōngzuò. Tā de nǚpéngyou Xiǎo Wáng yě shì Běidà
的　毕业生。她　在　一　所　大学　当　教员。他们俩
de bìyèshēng. Tā zài yī suǒ dàxué dāng jiàoyuán. Tāmenliǎ
工作　很　忙。除了　周末、节假日　以外，他们　不
gōngzuò hěn máng. Chúle zhōumò、jiéjiàrì yǐwài, tāmen bù
能　经常　见　面，所以，他们　一　有　空儿　就　在
néng jīngcháng jiàn miàn, suǒyǐ, tāmen yī yǒu kòngr jiù zài
网　上　聊　天儿。
wǎng shang liáo tiānr.

11

ポイント

1．継起関係複文

　複数の単文形式が結びついている文を複文と言います。継起関係複文とは連続して起こる動作・行為および事柄について、順番に何かを述べる文型です。その接続詞として"**先**……**然后（再）**……""「先に……それから……」""**先**……**接着**……""「まず……して、つづいて……する」""**开始**……**接着**……**后来**……""「先に………引き続いて………後になって……した」などが用いられています。

　　下　班　以后，我　先　去　找　他，然后　再　去　你　家。
　　Xià bān yǐhòu, wǒ xiān qù zhǎo tā, ránhòu zài qù nǐ jiā.
　仕事が終わったら私は先に彼を訪ねて、それからあなたの家に行きます。

　　你　先　收拾　一下　客厅，接着　整理　一下　书房。
　　Nǐ xiān shōushi yīxià kètīng, jiēzhe zhěnglǐ yīxià shūfáng.
　あなたはまず応接間をかたづけて、つづいて書斎をかたづけてください。

　　小　李　先　到，接着　是　小　王，小　陈　是　最后　来　的。
　　Xiǎo Lǐ xiān dào, jiēzhe shì Xiǎo Wáng, Xiǎo Chén shì zuìhòu lái de.
　先に李さんが来て、つづいて王さん来て、後になって陳さんが来ました。

2．"给"

　"给"は動詞として、「あげる」意味を持つほかに、介詞として「～のために」、「～に」、「～に～される」という意味を示し、命令文には1人称と一緒に用い、「私のために～しろ」という意味を表します。補語として「～してあげる」「～してくれる」という意味を示し、動詞の前に用い、虚化されて具体的な意味を失います。

给 您 添 麻烦 了。
Gěi nín tiān máfan le.

　　　　　　　　　　ご迷惑をおかけしました。

麻烦 您 给 我 找 一下 李 小姐，好 吗？
Máfan nín gěi wǒ zhǎo yīxià Lǐ xiǎojie, hǎo ma ?

　　　　　ご面倒ですが、李さんを呼んでいただけませんか？

谢谢 你 送 给 我 礼物。
Xièxie nǐ sòng gěi wǒ lǐwù.

　　　　　プレゼントをいただいて、ありがとうございます。

13

Ⅰ．リーディングにチャレンジ

1．次の(1)～(3)について、初めに掲げる単語と声調の組み合わせが同じものを、それぞれについて示してある①～④の中から1つ選びなさい。

  (1) **做菜** ①做操 ②做工 ③做客 ④做法
  (2) **夜里** ①挂历 ②校长 ③客厅 ④镜子
  (3) **闹钟** ①日历 ②教师 ③半夜 ④白天

2．次の(1)～(3)について、初めに掲げる中国語の単語の正しいピンイン表記を、それぞれについて示してある①～④の中から1つ選びなさい。

  (1) **糊涂** ①hútu ②hútū ③hútú ④hùtu
  (2) **扇子** ①shānzǐ ②shànzi ③shānzi ④shànzǐ
  (3) **科长** ①kēzǎng ②kēcháng ③kēzhǎng ④kūzhǎng

3．(1)～(3)の中国語の文の解釈として最も適当なものを、それぞれについて示してある①～④の中から1つ選びなさい。

  (1) **做生意**
    ①商売をする ②こっそり手を回す
    ③仕事をする ④老人の誕生祝いをする
  (2) **算帐**
    ①びっくりする ②客になる
    ③かたをつける ④ごちそうする
  (3) **打火机**
    ①電気 ②魔法瓶
    ③入り口などに取り付けられた呼び鈴 ④ライター

4．次の(1)～(3)の日本語の中国語訳として最も適当なものを、それぞれについて示してある①～④の中から1つ選びなさい。

(1) **芝居をやる**
①做文章　　②做买卖　　③做戏　　④做工

(2) **メガネ**
①电灯　　②挂历　　③日历　　④眼镜

(3) **知らん顔をする**
①做人情　　②做伴　　③装糊涂　　④做客

5．次の(1)～(3)の各文の空欄を埋めるのに最も適当なものはどれか。それぞれについて示してある①～④の中から1つ選びなさい。

(1) 你去图书馆（　　）我借一本书。
①就　　②给　　③向　　④对

(2) 你（　　）打电话问一下，然后咱们再决定。
①更　　②又　　③先　　④想

(3) （　　）只有我一个人，接着来了两个人，后来又来了三个人。
①开始　　②可能　　③从　　④最后

6．次の文章を読み、問(1)～(3)の答えとして最も適当なものを、それぞれについて示してある①～④の中から1つ選びなさい。

　　小李毕业于北京大学。他现在在一家贸易公司工作〔(1)〕。他的女朋友小王也是北大的毕业生。她在一所大学当教员。他们俩工作很忙。除了周末、节假日以外，不能经常见面，所以，他们〔(2)〕有空儿就在网上 liáo tiānr〔(3)〕。

15

問(1) (1)の日本語訳として正しいものを1つ選びなさい。
　①彼は今ある貿易会社でアルバイトをしている。
　②彼は今ある貿易会社に勤めている。
　③彼は今ある貿易会社で仕事をしようと思っている。
　④彼はある貿易会社の社員である。
問(2) 空欄(2)を埋めるのに適当な語を1つ選びなさい。
　①没　　　②只　　　③一　　　④再
問(3) ピンイン文字で表記されている単語の正しい意味を1つ選びなさい。
　①世間話をする　　　②授業について話をする
　③学校のことを話す　④仕事の話をする

Ⅱ．ライティングにチャレンジ

次の(1)〜(3)について、与えられた日本語の意味になるように、それぞれについて示してある①〜④の語句を並べ替えたとき、[ ]内に位置するものを選びなさい。

目覚まし時計が鳴ると、私はすぐ目が覚めた。
(1) 闹钟一响，＿＿＿　[ ]　＿＿＿　＿＿＿。
　①醒　　　②了　　　③我　　　④就
最初は慣れていなかったが、後になって慣れた。
(2) 开始不习惯，[ ]　＿＿＿　＿＿＿　＿＿＿。
　①习惯　　②就　　　③后来　　④了

今日あなたはどうしてこんなに喜んでいるの？
(3) 今天_____ [　] _____ _____。
　　①怎么　　　②你　　　③这么　　　④高兴

Ⅲ．リスニングにチャレンジ

次の中国語の文を聞き、問(1)～(3)に対する答えとして、最も適当なものを、①～④の中から１つ選びなさい。

(1) 小李是几点起来的？
　　①　　　　②　　　　③　　　　④
(2) 谁把小李吵醒的？
　　①　　　　②　　　　③　　　　④
(3) 闹钟是几点响的？
　　①　　　　②　　　　③　　　　④

Ⅳ．スピーキングにチャレンジ

次の(1)～(3)について、それぞれについて示してある①～④の語句を使って、中国語で話しなさい。

(1) 闹钟是<u>小王送给小李的</u>。
　　①小李自己买的　　　②从别人那儿借来的
　　③科长送给小李的　　④小王借给小李的

(2) 小李平时起得很晚。
　　①睡得很晚　　　　　②起得早
　　③半夜十一点睡觉　　④经常迟到

(3) 小李今天没迟到。
　　①骑自行车　　　　　②给小王打电话
　　③吃早饭　　　　　　④去公司上班

第二课 Dì èr kè

起床之后
Qǐ chuáng zhī hòu

李：你 起 得 那么 早，在 干 什么 呢？
　　Nǐ qǐ de nàme zǎo, zài gàn shénme ne?

王：我 的 电脑 六 点 就 已经 开 机 了。我 先
　　Wǒ de diànnǎo liù diǎn jiù yǐjing kāi jī le. Wǒ xiān
　　刷 了 牙、洗 了 脸，然后 检查 了 一下 今天
　　shuā le yá, xǐ le liǎn, ránhòu jiǎnchá le yíxià jīntiān
　　的 日程 有 没有 冲突 的 地方。
　　de rìchéng yǒu méiyǒu chōngtū de dìfang.

李：你 今天 有 什么 安排？
　　Nǐ jīntiān yǒu shénme ānpái?

王：暂时 保 密。我 收 到 了 一 份 老 同学 发 来
　　Zànshí bǎo mì. Wǒ shōu dào le yí fèn lǎo tóngxué fā lái
　　的 电子 邮件。
　　de diànzǐ yóujiàn.

李：是 男的，还是 女的？
　　Shì nánde, háishi nǚde?

王：你 猜猜。他 的 外号 叫 "老外"，长 得 像
　　Nǐ cāicai. Tā de wàihào jiào "lǎowài", zhǎng de xiàng

19

外国人 似的， 大　眼睛、高　鼻梁。
　　　wàiguórén shìde,　 dà yǎnjing、gāo bíliáng.

李：他　找　你　有　什么　事儿？
　　Tā zhǎo nǐ yǒu shénme　shìr ?

王：他　今天　来　北京　出　差，让　我　抽　空儿　陪　他
　　Tā jīntiān lái Běijīng chū chāi, ràng wǒ chōu kòngr péi tā

　　转转。
　　zhuànzhuan.

开机	kāi jī （機械などを）操縦する	外号	wàihào あだ名、ニックネーム
冲突	chōngtū ぶつかる	老外	lǎowài 外国人
暂时	zànshí しばらく、一時	鼻梁	bíliáng 鼻柱
保密	bǎo mì 秘密にする	陪	péi お供する
老同学	lǎo tóngxué 昔のクラスメート		

関連単語(2)

开灯	kāi dēng 明かりをつける	开药方	kāi yàofāng 処方箋を書く
开放	kāifàng 開放する	开夜车	kāi yèchē 徹夜する
开工资	kāi gōngzī (給料を)支給する	找对象	zhǎo duìxiàng (結婚の)相手を探す
开锅	kāi guō 鍋が煮立つ	找麻烦	zhǎo máfan 面倒を引き起こす
开花	kāi huā 花が咲く	找零钱	zhǎo língqián お釣りを出す
开户头	kāi hùtóu (銀行に)口座を設ける	找便宜	zhǎo piányi 得をしようとする
开开关	kāi kāiguān スイッチを入れる	找死	zhǎo sǐ わざと危険を冒す
开绿灯	kāi lǜdēng ゴーサインを出す	额头	étóu おでこ
开辟	kāipì 開設する、始める、開拓する	脸盘儿	liǎnpánr 顔立ち
开收据	kāi shōujù 領収書を発行する	舌头	shétou 舌
开水	kāishuǐ 湯、熱湯	下巴	xiàba あご
开头儿	kāitóur 始める、最初に	胸	xiōng 胸
开心	kāixīn 心楽しい	手腕子	shǒuwànzi 手首
开演	kāiyǎn (芝居などが)開演する	大拇指	dàmǔzhǐ 親指
		食指	shízhǐ 人差し指

中指	zhōngzhǐ 中指	汗	hàn 汗
无名指	wúmíngzhǐ 薬指	眼泪	yǎnlèi 涙
小拇指	xiǎomuzhǐ 小指	鼻涕	bítì 鼻汁
指甲	zhǐjia 爪	报	bào 申し込む
大腿	dàtuǐ 太もも	打交道	dǎ jiāodao つきあう
膝盖	xīgài 膝	毫不犹豫	háo bù yóuyù 迷わずに
小腿	xiǎotuǐ 膝から足首までの部分	家里人	jiālirén 家族
脚指头	jiǎozhǐtou 足の指	少数民族	shǎoshùmínzú 少数民族
神经	shénjīng 神経	语文课	yǔwénkè 国語の授業
		志愿	zhìyuàn 願望

訳してみよう（二） 7

早晨 六点, 小 王 就 已经 打 开 了 电脑。
Zǎochen liù diǎn, Xiǎo Wáng jiù yǐjing dǎ kāi le diànnǎo.

她 收 到 了 老 同学 发 来 的 电子 邮件。内容
Tā shōu dào le lǎo tóngxué fā lái de diànzǐ yóujiàn. Nèiróng

是 这 位 老 同学 今天 来 北京 出 差。他 让
shì zhè wèi lǎo tóngxué jīntiān lái Běijīng chū chāi. Tā ràng

小 王 抽 空儿 陪 他 转转。 她 的 这 位 老
Xiǎo Wáng chōu kònr péi tā zhuànzhuan. Tā de zhè wèi lǎo
同学 长 得 像 外国人 似的, 所以, 大家 给 他
tóngxué zhǎng de xiàng wàiguórén shìde, suǒyǐ, dàjiā gěi tā
起 了 个 外号, 叫 "老外"。
qǐ le ge wàihào, jiào "lǎowài".

読んでみよう（二）8

我 出生 在 中国 东北 的 一 个 少数民族
Wǒ chūshēng zài Zhōngguó dōngběi de yī ge shǎoshùmínzú
家庭 里。但是 我 听 到 的 第 一 句 话 和 学
jiātíng li. Dànshì wǒ tīng dào de dì yī jù huà hé xué
会 的 第 一 句 话 是 汉语。小学、中学 我 最
huì de dì yī jù huà shì Hànyǔ. Xiǎoxué、zhōngxué wǒ zuì
喜欢 上 的 是 语文课。上 大学 报 志愿 时,
xǐhuan shàng de shì yǔwénkè. Shàng dàxué bào zhìyuàn shí,
我 在 志愿 一 栏 里 毫 不 犹豫 地 填写 了
wǒ zài zhìyuàn yī lán li háo bù yóuyù de tiánxiě le
"中国 语言 文学系"。大学 毕 业 后, 我 留 在
"Zhōngguó yǔyán wénxuéxì". Dàxué bì yè hòu, wǒ liú zài
中文系 当 了 老师。来 日本 以后, 我 每 天 都
zhōngwénxì dāng le lǎoshī. Lái Rìběn yǐhòu, wǒ měi tiān dōu
在 和 中文 打 交道——在 学校 里 教 汉语, 和
zài hé zhōngwén dǎ jiāodao — zài xuéxiào li jiāo Hànyǔ, hé
家里人 说 汉语。而 其中 让 我 感到 最 开心 的
jiālirén shuō Hànyǔ. Ér qízhōng ràng wǒ gǎndào zuì kāixīn de
是 和 日本 学生 用 汉语 聊 天儿。
shì hé Rìběn xuésheng yòng Hànyǔ liáo tiānr.

23

ポイント

1．選択関係複文

　選択関係複文とは複数の節の述べる内容の中からどれか一つを選択する文型です。その接続詞として"(是)……还是……"「……か、それとも……か」、"不是……就是……"「……でなければ……だ」、"(或者)……或者……"「……か……かである」があります。

你 是 寄 挂号信，还是 寄 平信？
Nǐ shì jì guàhàoxìn, háishi jì píngxìn?
　　　　　　　書留にしますか、それとも普通にしますか。

他 不 是 去 书店，就 是 去 图书馆 了。
Tā bù shì qù shūdiàn, jiù shì qù túshūguǎn le.
　　　　　　　彼は本屋へ行っていなければ、図書館へ行きました。

或者　明天　你　来，或者　后天　我　去。
Huòzhě míngtiān nǐ lái, huòzhě hòutiān wǒ qù.
　　　　　　　明日あなたが来るか、あさって私が行くかにしましょう。

2．"从来没有～过"

"从来没有～过"は「今まで～（一度も）なかった」という過去の経験を否定する意味を表します。

我 记得 他 从来 没有 提 起 过 你。
Wǒ jìde tā cónglái méiyou tí qǐ guo nǐ.
　　　　　　彼があなたのことを話した覚えはありませんね。

母亲 从来 没有 和 父亲 吵 过 架。
Mǔqin cónglái méiyou hé fùqin chǎo guo jià.
　　　　　　母親は父親と口喧嘩したことは一度もありません。

我 从来 没有 见 过 像 你 这样 的 人。
Wǒ cónglái méiyou jiàn guo xiàng nǐ zhèyàng de rén.
　　　　　　あなたみたいな人私初めて見たよ。

Ⅰ. リーディングにチャレンジ

1. 次の(1)～(3)について、初めに掲げる単語と声調の組み合わせが同じものを、それぞれについて示してある①～④の中から1つ選びなさい。

    (1) **开灯**　①开花　②开放　③外号　④开展
    (2) **记者**　①保密　②开心　③暂时　④大腿
    (3) **工资**　①开水　②零钱　③开锅　④开辟

2. 次の(1)～(3)について、初めに掲げる中国語の単語の正しいピンイン表記を、それぞれについて示してある①～④の中から1つ選びなさい。

    (1) **冲突**　①chòngtū　②cōngtū　③chōngtu　④chōngtū
    (2) **少数**　①shǎoshǔ　②shǎoshù　③shàoshù　④shàoshǔ
    (3) **便宜**　①piányi　②biànyi　③piányí　④biànyí

3. (1)～(3)の中国語の文の解釈として最も適当なものを、それぞれについて示してある①～④の中から1つ選びなさい。

    (1) **开开关**
    　　①領収書を発行する　　②明かりをつける
    　　③スイッチを入れる　　④（給料を）支給する

    (2) **开户头**
    　　①鍋が煮立つ　　②開放する
    　　③ゴーサインを出す　　④（銀行に）口座を設ける

    (3) **找麻烦**
    　　①秘密にする　　②つり銭を出す
    　　③（結婚の）相手を探す　　④面倒を引き起こす

4．次の(1)～(3)の日本語の中国語訳として最も適当なものを、それぞれについて示してある①～④の中から1つ選びなさい。

（1）**処方箋を書く**
　　①开夜车　　②开机　　③开药方　　④开展
（2）**人差し指**
　　①手腕子　　②食指　　③无名指　　④小拇指
（3）**膝**
　　①大腿　　②膝盖　　③小腿　　④脚指头

5．次の(1)～(3)の各文の空欄を埋めるのに最も適当なものはどれか。それぞれについて示してある①～④の中から1つ選びなさい。

（1）她的脸红得（　　）苹果似的。
　　①比　　②像　　③不如　　④和
（2）是你来，（　　）我去？
　　①还　　②再　　③还是　　④一起
（3）我（　　）你说件事儿。
　　①出差　　②保密　　③有空儿　　④找

6．次の文章を読み、問(1)～(3)の答えとして最も適当なものを、それぞれについて示してある①～④の中から1つ選びなさい。

　　我出生在东北的一个少数民族家庭里。但是我听到的第一句话和学会的第一句话是汉语。小学、中学我最喜欢上的是语文课。上大学报志愿时，我在志愿一栏里毫不犹豫地填写了"中国语言文学系"。大学毕业后，我留在中文系〔(1)〕了老师。来日本以后，我每天都在和 zhōngwén〔(2)〕打交道 --- 在学校〔(3)〕教汉语，和家里人说汉语。而其中让我感到最开心的是和日本学生用汉语聊天儿。

27

問(1) 空欄(1)を埋めるのに適当な語を1つ選びなさい。
　　①干　　　　②当　　　　③成　　　　④当成
問(2) ピンイン文字で表記されている単語の正しい漢字表記を1つ選びなさい。
　　①中文　　　②中午　　　③中国　　　④中学
問(3) 空欄(3)を埋めるのに適当な語を1つ選びなさい。
　　①当中　　　②中　　　　③里　　　　④里边儿

Ⅱ. ライティングにチャレンジ

次の(1)～(3)について、与えられた日本語の意味になるように、それぞれについて示してある①～④の語句を並べ替えたとき、[　]内に位置するものを、1つ選びなさい。

彼はいままで家庭の温もりを感じたことはない。
(1) 他＿＿＿　[　]　＿＿＿　＿＿＿。
　　①从来　　　②家庭的温暖　　③感觉到过　　④没有
彼は私に暇な時に彼と一緒に買い物するように言った。
(2) 他让[　]　＿＿＿　＿＿＿　＿＿＿。
　　①陪他　　　②有空儿　　　③我　　　　④买东西
彼は大学を卒業してから海外へ行った。
(3) 他＿＿＿　[　]　＿＿＿　＿＿＿。
　　①出国了　　②以后　　　③毕业　　　④大学

Ⅲ．リスニングにチャレンジ

中国語を聞き、問(1)～(3)に対する答えとして、最も適当なものを、それぞれについて示してある①～④の中から1つ選びなさい。

(1) 小王收到了谁的电子邮件？
　　① ② ③ ④
(2) 小王的老同学的外号叫什么？
　　① ② ③ ④
(3) 小王的老同学找她有什么事儿？
　　① ② ③ ④

Ⅳ．スピーキングにチャレンジ

次の(1)～(3)について、それぞれについて示してある①～④の語句を使って、中国語で話しなさい。

(1) 这位外国朋友是<u>英国人</u>。
　　①法国人　②美国人　③韩国人　④印度人
(2) 我每天睡得很晚。早晨一直睡到<u>八点</u>才起来。
　　①八点多　②九点半　③九点左右　④八、九点
(3) 她长得<u>很</u>漂亮。
　　①不　②不怎么　③特别　④挺

第三课
Dì sān kè

早餐
Zǎocān

李：你 吃 早饭 了 吗？
　　Nǐ chī zǎofàn le ma?

王：我 可 不 像 你，早晨 起不来，没 时间 吃
　　Wǒ kě bú xiàng nǐ, zǎochen qǐbulái, méi shíjiān chī
　　早饭。
　　zǎofàn.

李：这 你 可 说 错 了。我 虽然 起 得 晚，但是
　　Zhè nǐ kě shuō cuò le. Wǒ suīrán qǐ de wǎn, dànshì
　　有 人 给 我 做 早饭。
　　yǒu rén gěi wǒ zuò zǎofàn.

王：你 骗 人。谁？
　　Nǐ piàn rén. Shéi?

李：看 把 你 吓 的。我 昨天 买 了 一 台 智能
　　Kàn bǎ nǐ xià de. Wǒ zuótiān mǎi le yì tái zhìnéng
　　烤箱。
　　kǎoxiāng.

王：真是 懒人 有 懒招。早饭 吃 的 是 什么？
　　Zhēnshi lǎnrén yǒu lǎnzhāo. Zǎofàn chī de shì shénme?

李：两 片 烤面包、一 个 荷包蛋，还 有 一 杯 热
　　Liǎng piàn kǎomiànbāo、yí ge hébāodàn, hái yǒu yì bēi rè
牛奶。
niúnǎi.

王：看 把 你 美 的。这 下 你 可以 天天 睡 懒觉
　　Kàn bǎ nǐ měi de. Zhè xià nǐ kěyǐ tiāntiān shuì lǎnjiào
了。
le.

说错	shuō cuò	烤面包	kǎomiànbāo
	いい間違える		トースト
骗	piàn	荷包蛋	hébāodàn
	騙す		目玉焼き
烤箱	kǎoxiāng	美	měi
	オーブンレンジ		得意になる、美しい
懒人	lǎnrén	懒觉	lǎnjiào
	怠け者		寝坊
招	zhāo		
	策略、手段		

関連単語(3)

吃不惯	chībuguàn 口に合わない、食べつけない、食べ慣れない	吃惊	chī jīng 驚く
吃不开	chībukāi 受けない	吃苦头	chī kǔtou つらい目にあう、ひどい目にあう
吃不了	chībuliǎo 食べきれない	吃亏	chī kuī 損をする
吃不消	chībuxiāo やりきれない	吃力	chīlì 苦労する
吃不住	chībuzhù 支えきれない	吃零嘴儿	chī língzuǐr 間食する
吃吃喝喝	chīchī hēhē 飲み食いをする	吃软不吃硬	chī ruǎn bù chī yìng 下手に出られると折れるが、強く出られると反発する
吃大锅饭	chī dàguōfàn 大釜の飯を食べる、仕事の出来や貢献度に関係なく待遇や報酬が一律であるたとえ	吃素	chī sù 料理を食べる
		吃闲饭	chī xiánfàn 働かないでただで食わせてもらう
吃醋	chī cù やきもちをやく	吃香	chīxiāng もてる
吃得开	chīdekāi 受けがよい	吃哑巴亏	chī yǎbakuī 損をしても黙っているしかない
吃喝玩乐	chī hē wán lè 酒食遊楽にふけること	吃药	chī yào 薬を飲む
吃劲	chī jìn 骨が折れる	包子	bāozi (中にあんの入っ

中文	ピンイン / 日本語
	た）中華まんじゅう
叉子	chāzi フォーク
大米	dàmǐ 米
电饭锅	diànfànguō 炊飯器
罐头	guàntou 缶詰
黄油	huángyóu バター
粮食	liángshi 食糧、穀物
煤气炉	méiqìlú ガス
食品	shípǐn 食料品、食べ物
食物	shíwù 食べ物、食品
水稻	shuǐdào 水稲
微波炉	wēibōlú 電子レンジ
香肠	xiāngcháng ソーセージ
小豆	xiǎodòu アズキ
小麦	xiǎomài コムギ
新鲜	xīnxiān 新鮮である、新しい、珍しい
营养	yíngyǎng 栄養
玉米	yùmǐ トウモロコシ
到底	dàodǐ いったい、さすがは、ついに、あくまで～する
分手	fēn shǒu 分かれる
胡椒面儿罐儿	hújiāomiànrguànr 胡椒入れつぼ
结婚登记	jié hūn dēngjì 入籍する
老鼠	lǎoshǔ ネズミ
娶	qǔ 嫁をもらう
填	tián 書き入れる
新娘	xīnniáng 新婦
新郎	xīnláng 新郎
难为	nánwei 困らせる、やっかいをかける

訳してみよう（三） 11

小 李 平时 睡 得 晚，所以 早晨 起不来，经常
Xiǎo Lǐ píngshí shuì de wǎn, suǒyǐ zǎochen qǐbulái, jīngcháng
不 吃 早饭。昨天 他 买 了 一 台 智能 烤箱。今天
bù chī zǎofàn. Zuótiān tā mǎi le yī tái zhìnéng kǎoxiāng. Jīntiān
早饭 他 吃 的 是 两 片儿 烤 面包、一 个 荷包蛋，
zǎofàn tā chī de shì liǎng piànr kǎo miànbāo, yī ge hébāodàn,
还 有 一 杯 热 牛奶。
hái yǒu yī bēi rè niúnǎi.

読んでみよう（三） 12

有 个 中年人 和 第 一 个 妻子 分手 后，
Yǒu ge zhōngniánrén hé dì yī ge qīzi fēn shǒu hòu,
又 娶 了 第 二 个 妻子。结 婚 的 那 天 晚上，
yòu qǔ le dì èr ge qīzi. Jié hūn de nà tiān wǎnshang,
他 问 妻子："咱们 刚 认识 时，你 说 你 三十九
tā wèn qīzi: "Zánmen gāng rènshi shí, nǐ shuō nǐ sānshijiǔ
岁。可是 结 婚 登记 的 时候，我 看 你 填 的 是
suì. Kěshì jié hūn dēngjì de shíhou, wǒ kàn nǐ tián de shì
四十五 岁。你 到底 有 多 大 岁数？"新娘 说：
sìshiwǔ suì. Nǐ dàodǐ yǒu duō dà suìshu?" Xīnniáng shuō:
"怎么？我 填 四十五 岁 了 吗？你 看 我 一
"Zěnme? Wǒ tián sìshiwǔ suì le ma? Nǐ kàn wǒ yī
紧张，就 把 五十四 写 成 四十五 了。"两 个
jǐnzhāng, jiù bǎ wǔshisì xiě chéng sìshiwǔ le." Liǎng ge
人 刚 要 躺 下，新郎 说："我 得 到 厨房 看看
rén gāng yào tǎng xià, xīnláng shuō: "Wǒ děi dào chúfáng kànkan

胡椒面儿罐儿 盖 好 了 没有。不然, 老鼠 会 偷 吃
hújiāomiànrguànr gài hǎo le méiyou. Bùrán, lǎoshǔ huì tōu chī
的"。新娘 听 了, 哈哈 大 笑, 说: "你 这 个 人
de". Xīnniáng tīng le, hāhā dà xiào, shuō: "Nǐ zhè ge rén
真 会 开 玩笑。我 活 了 六十 岁, 从来 没
zhēn huì kāi wánxiào. Wǒ huó le liùshí suì, cónglái méi
听说 老鼠 偷 吃 胡椒面儿"。
tīngshuō lǎoshǔ tōu chī hújiāomiànr".

ポイント

1. 転折関係複文

　転折関係複文とはある既定の事実をあげ、そのあとでこれと矛盾すること、あるいは意外なことを述べる文型です。転折関係複文には"**(虽然)**……**但是（可是、却）**……"（……であるが……）"……, **然而**……"（……しかし……）"……, **不过**……"（……けれども……）などの接続詞が用いられます。

　虽然 到 了 九 月份, 但是 这儿 还是 很 热。
　Suīrán dào le jiǔ yuèfèn, dànshì zhèr háishi hěn rè.
　　　　　　　　9月になったけれども、ここはやはり暑いです。

　明明　是 你 说 的, 你 却 不 承认。
　Míngmíng shì nǐ shuō de, nǐ què bù chéngrèn.
　　　　　明らかにあなたが言ったのに、認めようとしませんね。

35

我　想　骑　自行车　去，可是　找不到　自行车　钥匙。
Wǒ xiǎng qí zìxíngchē qù, kěshì zhǎobudào zìxíngchē yàoshi.
私は自転車で行こうと思いますが、自転車のキーが見付かりません。

2．"可"

"可"は助動詞として「～できる（可能）」、「～してよろしい（許可）」、「～する値打ちがある」という意味を表し、副詞としては「とっても（強調）」、「とうとう（感嘆）」、「ぜひ（願望）」、「～かどうか（疑問）」の意味を表し、接続詞としては「けれども、～というのに」という意味を表します。

既然　这样，我　没有　什么　可　说　的　了。
Jìrán zhèyàng, wǒ méiyǒu shénme kě shuō de le.
こうなった以上、私からはもう何もいうことはありません。

这　件　事　可　真　难为　您　了。
Zhè jiàn shì kě zhēn nánwei nín le.
この事でとてもご面倒をおかけしました。

最近　很　热。你　可　要　注意　身体　啊。
Zuìjìn hěn rè. Nǐ kě yào zhùyì shēntǐ a.
このごろ暑いので、くれぐれも体に気をつけてください。

Ⅰ. リーディングにチャレンジ

1. 次の(1)〜(3)について、初めに掲げる単語と声調の組み合わせが同じものを、それぞれについて示してある①〜④の中から1つ選びなさい。

    (1) **大米**　①粮食　②水稻　③小麦　④玉米
    (2) **罐头**　①小豆　②钥匙　③黄油　④食物
    (3) **包子**　①食品　②香肠　③叉子　④承认

2. 次の(1)〜(3)について、初めに掲げる中国語の単語の正しいピンイン表記を、それぞれについて示してある①〜④の中から1つ選びなさい。

    (1) **叉子**　①chāzi　②cházi　③chǎzi　④chàzi
    (2) **钥匙**　①yàochí　②yàoshi　③yuèshi　④yuèchí
    (3) **难为**　①nànwei　②nànwèi　③nánwèi　④nánwei

3. 次の(1)〜(3)の中国語の文の解釈として最も適当なものはどれか、それぞれについて示してある①〜④の中から1つ選びなさい。

    (1) **香肠**
    　　①中華まんじゅう　　　　　②食べ物
    　　③缶詰　　　　　　　　　　④ソーセージ
    (2) **吃香**
    　　①働かないでただで食わせてもらう　②もてる
    　　③精進料理を食べる　　　　④間食する
    (3) **吃亏**
    　　①苦しい目にあう　　　　　②損をしても黙っているしかない
    　　③ひどい目にあう　　　　　④損をする

4．次の(1)～(3)の日本語の中国語訳として最も適当なものはどれか、それぞれについて示してある①～④の中から1つ選びなさい。

　　(1) **受けがよい**

　　　　①吃不了　　②吃大锅饭　③吃得开　　④吃吃喝喝

　　(2) **やきもちをやく**

　　　　①吃惊　　　②吃醋　　　③吃劲　　　④吃苦

　　(3) **やりきれない**

　　　　①吃不消　　②吃不开　　③吃不住　　④吃苦头

5．次の(1)～(3)の各文の空欄を埋めるのに最も適当なものはどれか。それぞれについて示してある①～④の中から1つ選びなさい。

　　(1) 中国菜太油腻了。我有点儿（　　）。

　　　　①吃不开　　②吃不惯　　③吃得惯　　④吃不住

　　(2) 他身体不好,肯定（　　）。

　　　　①吃得开　　②吃软不吃硬　③吃不消　　④吃香

　　(3) （　　）韩国菜很辣，我却非常喜欢吃。

　　　　①但是　　　②然而　　　③虽然　　　④因为

6．次の文章を読み、問(1)～(3)の答えとして最も適当なものを、それぞれについて示してある①～④の中から1つ選びなさい。

　　　有个中年人和第一个妻子分手后，又娶了第二个妻子。结婚的那天晚上,他问妻子："咱们刚认识时,你说你三十九岁〔(1)〕。〔(2)〕结婚登记的时候，我看你填的是四十五岁。你到底有多大岁数？"新娘说："怎么？我填四十五岁了吗？你看我。一紧张,就把五十四写成四十五了。"两个人刚要躺下，新郎说："我得到

厨房看看胡椒面儿罐儿盖好了没有。不然，老鼠会偷吃的"。新娘听了哈哈大笑，说："你这个人真 huì kāi wánxiào〔(3)〕。我活了六十岁，从来没听说老鼠偷吃胡椒面儿。"

問(1) (1)の日本語訳として正しいものを1つ選びなさい。
　　①私たち付き合ったばかりの時、あなたが39歳に見えた。
　　②私たち付き合ったばかりの時、あなたが39歳には見えなかった。
　　③私たち付き合ったばかりの時、あなたが39歳だと聞いた。
　　④私たち付き合ったばかりの時、あなたは自分が39歳だと言った。
問(2) 空欄(2)を埋めるのに適当な語を1つ選びなさい。
　　①所以　　　②可是　　　③虽然　　　④却
問(3) ピンイン文字で表記されている語句の正しい意味を1つ選びなさい。
　　①喋ることができる　　　②時には冗談を言う
　　③冗談を言うのが上手である　　④よく笑う

II．ライティングにチャレンジ

次の(1)～(3)について、与えられた日本語の意味になるように、それぞれについて示してある①～④の語句を並べ替えたとき、[　]内に位置するものを選びなさい。

とても寒いけれど、部屋の中はとても暖かい。
(1) 天气 [　] ＿＿＿　＿＿＿　＿＿＿。
　　①很冷　　②屋子里　　③虽然　　④却很暖和

39

何回も電話したが、だれも電話にでない。
(2) 我打了好几次电话，[　]　____　____　____。
　　①人　　　　②可　　　　③没有　　　④接
外でだれか君を呼んでいる。
(3) 我听见外面[　]　____　____　____。
　　①你　　　　②叫　　　　③有　　　　④人

Ⅲ．リスニングにチャレンジ 13

中国語の文を聞き、問(1)～(3)に対する答えとして、最も適当なものを、それぞれについて示してある①～④の中から１つ選びなさい。

(1) 早饭小李吃的是什么？
　　①　　　　②　　　　③　　　　④
(2) 小李怎么做的早饭？
　　①　　　　②　　　　③　　　　④
(3) 谁买的智能烤箱？
　　①　　　　②　　　　③　　　　④

Ⅳ．スピーキングにチャレンジ

次の(1)～(3)について、それぞれについて示してある①～④の語句を使って、中国語で話しなさい。

(1) 我<u>吃饱了，可不能再吃了</u>。
　　①吃不了，怎么办　　　　②吃不下去了
　　③还能吃一碗　　　　　　④可吃不惯这儿的菜

(2) 她做的菜<u>很清淡，我可喜欢吃了</u>。
　　①有点儿油腻，可我觉得挺好吃
　　②可咸了，应该少放点儿盐
　　③可淡了，一点儿味道都没有
　　④可甜了，一点儿也不好吃

(3) 昨天<u>有人给你来过电话</u>。
　　①到公司来找过他　　　　②问我会不会开车
　　③打听过你　　　　　　　④请我吃饭

41

第四课 Dì sì kè

出门
Chū mén

李：早晨 吃 完 饭， 因为 没有 时间 看 邮件，
　　Zǎochen chī wán fàn, yīnwèi méiyǒu shíjiān kàn yóujiàn,

　　所以， 我 就 把 邮件 传 到 我 的 手机 里。
　　suǒyǐ, wǒ jiù bǎ yóujiàn chuán dào wǒ de shǒujī li.

王：现在 手机 与 电脑 之 间 能 进行 数据 交换，
　　Xiànzài shǒujī yǔ diànnǎo zhī jiān néng jìnxíng shùjù jiāohuàn,

　　真 挺 方便 的。
　　zhēn tǐng fāngbiàn de.

李：按 一 下 键盘， 不 到 十 秒 钟， 没 看 完 的
　　Àn yí xià jiànpán, bú dào shí miǎo zhōng, méi kàn wán de

　　邮件 就 传 到 了 手机 里。
　　yóujiàn jiù chuán dào le shǒujī li.

王：你 今天 是 几 点 从 家 走 的？
　　Nǐ jīntiān shì jǐ diǎn cóng jiā zǒu de?

李：到 了 八 点， 我 的 手机 就 会 发出："李
　　Dào le bā diǎn, wǒ de shǒujī jiù huì fāchū: "Lǐ

　　先生， 请 上 班"的 声音。
　　xiānsheng, qǐng shàng bān" de shēngyīn.

王：我 的 手机 发出 的 声音 是："小姐，七 点 半
　　Wǒ de shǒujī fāchū de shēngyīn shì : "Xiǎojie, qī diǎn bàn

　　了。再 磨蹭 就 赶不上 班车 了"。
　　le. Zài móceng jiù gǎnbushàng bānchē le".

李：我 现在 觉得 电脑 是 我 生活 中 的 最佳
　　Wǒ xiànzài juéde diànnǎo shì wǒ shēnghuó zhōng de zuìjiā

　　伴侣。
　　bànlǚ.

王：那 你 跟 电脑 结 婚 好 了。
　　Nà nǐ gēn diànnǎo jié hūn hǎo le.

按	àn （手や指で）押す、押さえる、抑える、～に基づき	磨蹭	móceng ぐずぐずする
数据	shùjù データ	班车	bānchē 通勤バス
键盘	jiànpán （コンピュータやワープロの）キーボード	最佳	zuìjiā 最高の、最もよい
发出	fāchū 発する、出す	伴侣	bànlǚ 伴侶

関連単語(4)

看不出	kànbuchū 見分けがつかない	看清	kàn qīng はっきり見てとる
看不惯	kànbuguàn 見慣れない	看人下菜碟	kàn rén xià càidié 料理の中身も客次第、人を見て応対ぶりを変えること
看不过去	kànbuguòqù 容認できない		
看不起	kàn bu qǐ ばかにする	看上	kàn shàng (見て)気に入る
看成	kànchéng ～と見なす	看透	kàn tòu 見破る
看出	kàn chū 見分ける	看头	kàntou 見どころ
看出来	kàn chulai 見つける	看上去	kàn shàngqu 見たところ
看穿	kàn chuān 見抜く	看台	kàntái スタンド
看待	kàndài 取り扱う	看望	kànwàng 見舞う
看得起	kàn de qǐ 重視する	看笑话	kàn xiàohua 人の困難や失敗を助けようとはせずにただ傍観するたとえ、笑いぐさにする
看法	kànfǎ 見方		
看惯	kàn guàn 見慣れる		
看来	kànlái 見たところ～のようだ	看样子	kàn yàngzi ～かもしれない
		看中	kàn zhòng 気に入る
看起来	kàn qǐlái 私の見るところでは	看重	kàn zhòng 大切にする

看做	kànzuò 〜と考える	懂得	dǒngde わかる
听话	tīng huà （目上や指導者の）言うことを聞く、聞き分けがよい	动静	dòngjing 物音
		急忙	jímáng あわただしい、せわしい
听讲	tīng jiǎng 講義や講演を聞く	梦话	mènghuà 寝言
听取	tīngqǔ 聴取する、耳を傾ける	破坛子	pò tánzi 割れたつぼ
听信儿	tīng xìnr 返事を待つ、知らせを待つ	铺	pū 敷く、のばす
		悄悄	qiāoqiāo ひそひそと
听众	tīngzhòng 聴衆	轻轻地	qīngqīng de そっと
不巧	bùqiǎo あいにく	穷	qióng 貧しい
藏	cáng 隠れる、隠す、貯蔵する、しまっておく	人家	rénjiā 家庭
		偷	tōu 盗む
催	cuī 催促する	小偷	xiǎotōu どろぼう
倒	dào （容器を傾けて）つぐ、あける、（上下・前後を）逆さまにする、反対方向に移動させる	醒	xǐng 目覚める（酔いや麻酔から）覚める、意識を取り戻す
		月光	yuèguāng 月の光

訳してみよう（四） 15

小 李 吃 完 早饭， 一 看 表， 快 到 上 班
Xiǎo Lǐ chī wán zǎofàn, yī kàn biǎo, kuài dào shàng bān

的 时间 了。 一 到 八 点, 他 的 手机 就 会 发出：
de shíjiān le. Yī dào bā diǎn, tā de shǒujī jiù huì fāchū:

"李 先生， 请 上 班" 的 声音, 催 他 上 班。
"Lǐ xiānsheng qǐng shàng bān" de shēngyīn, cuī tā shàng bān.

小 李 按 了 一 下 电脑 的 键盘。 不 到 十 秒
Xiǎo Lǐ àn le yī xià diànnǎo de jiànpán. Bù dào shí miǎo

钟， 没 看 完 的 邮件 就 传 到 了 手机 里。 他
zhōng, méi kàn wán de yóujiàn jiù chuán dào le shǒujī li. Tā

可以 在 上 班 的 路 上 接着 看。 小 李 觉得
kěyǐ zài shàng bān de lù shang jiēzhe kàn. Xiǎo Lǐ juéde

电脑 是 他 生活 中 的 最佳 伴侣。
diànnǎo shì tā shēnghuó zhōng de zuìjiā bànlǚ.

読んでみよう（四） 16

从前 有 个 小偷， 夜里 悄悄 地 到 人家 屋
Cóngqián yǒu ge xiǎotōu, yèli qiāoqiāo de dào rénjiā wū

里 偷 东西。 不巧 那 户 人家 很 穷。 屋里 只 有
li tōu dōngxi. Bùqiǎo nà hù rénjiā hěn qióng. Wū li zhǐ yǒu

一 张 床 和 一 个 破坛子。 因为 坛子 放 在
yī zhāng chuáng hé yī ge pòtánzi. Yīnwèi tánzi fàng zài

床 边儿， 小偷 轻轻 地 走 过去。 坛子 里 有点儿
chuáng biānr, xiǎotōu qīngqīng de zǒu guoqu. Tǎnzi li yǒudiǎnr

米。 小偷 把 衣服 脱 下来， 铺 在 地 上， 打算 取
mǐ. Xiǎotōu bǎ yīfu tuō xialai, pū zài dì shang, dǎsuan qǔ

米坛子 倒 米。这 时，睡 在 床 上 的 丈夫 醒
mǐtánzi dào mǐ. Zhè shí, shuì zài chuáng shang de zhàngfu xǐng
了。借着 月光，他 看 见 了 小偷。他 见 小偷 转
le. Jièzhe yuèguāng, tā kàn jiàn le xiǎotōu. Tā jiàn xiǎotōu zhuǎn
身 取 米坛子，就 悄悄地 伸 手 把 小偷 的
shēn qǔ mǐtánzi, jiù qiāoqiāo de shēn shǒu bǎ xiǎotōu de
衣服 藏 在 床 下。这 时，妻子 也 醒 了。她 小
yīfu cáng zài chuáng xià. Zhè shí, qīzi yě xǐng le. Tā xiǎo
声 对 丈夫 说："我 听 见 有 什么 动静。是 不
shēng duì zhàngfu shuō: "Wǒ tīng jiàn yǒu shénme dòngjing. Shì bu
是 小偷？" 丈夫 说："你 是 不 是 在 说 梦话？
shi xiǎotōu?" Zhàngfu shuō: "Nǐ shì bu shi zài shuō mènghuà?
这 屋 里 什么 都 没有。哪儿 来 的 小偷？"小偷
Zhè wū li shénme dōu méiyǒu. Nǎr lái de xiǎotōu?"Xiǎotōu
一 听，急忙 大 声 说："我 的 衣服 刚 放 在
yī tīng, jímáng dà shēng shuō: "Wǒ de yīfu gāng fàng zài
这儿，就 被 偷 走 了。怎么 还 说 没有 小偷 呢？"
zhèr, jiù bèi tōu zǒu le. Zěnme hái shuō méiyǒu xiǎotōu ne?"

ポイント

1．因果関係複文

　因果関係複文とは原因、理由、そしてその結果を説明する文です。その接続詞として"**因为**……**所以**……"「……なので、……」"**既然**……**就**……"「……である以上……」"**因而**……"「……だから……」などが用いられます。

47

因为 路上 堵车，所以 迟到 了。
Yīnwèi lù shang dǔ chē, suǒyǐ chídào le.
>道が混んでいるので、遅刻しました。

既然 你 明天 出 差，那 就 回来 以后 再 联系 吧。
Jìrán nǐ míngtiān chū chāi, nà jiù huílai yǐhòu zài liánxi ba.
>あなたがあした出張する以上、帰ってから連絡しましよう。

他 很 有 学问，因而 受 到 大家 的 尊敬。
Tā hěn yǒu xuéwen, yīn'ér shòu dào dàjiā de zūnjìng.
>彼は学識があるので、だれからも尊敬されています。

2．"刚"

"刚"はある行為・動作または状態が発生・完了して間もないこと、程度や数量が「ちょうど、ぴったり、やっと、どうにか」などの意味を表します。

我 刚 要 出 门，她 来 了。
Wǒ gāng yào chū mén, tā lái le.
>私が出かけようとしたときに、彼女が訪ねて来ました。

我 到 学校 时，刚 八 点。
Wǒ dào xuéxiào shí, gāng bā diǎn.
>学校についたときはちょうど八時でした。

作业 太 多，写 了 两 个 小时 刚 写 完 一半儿。
Zuòyè tài duō, xiě le liǎng ge xiǎoshí gāng xiě wán yībànr.
>宿題が多すぎて、2時間やってやっと半分しかできませんでした。

Ⅰ．リーディングにチャレンジ

1．次の(1)～(3)について、初めに掲げる単語と声調の組み合わせが同じものを、それぞれについて示してある①～④の中から1つ選びなさい。

(1) **看重**　①伴侣　　②看成　　③梦话　　④看穿
(2) **班车**　①交换　　②发出　　③编辑　　④记者
(3) **听讲**　①学问　　②同行　　③邻居　　④听取

2．次の(1)～(3)について、初めに掲げる中国語の単語の正しいピンイン表記を、それぞれについて示してある①～④の中から1つ選びなさい。

(1) **看中**　①kānzhòng　②kànzhōng　③kānzhōng　④kànzhòng
(2) **磨蹭**　①móceng　　②mòceng　　③mócèng　　④mócheng
(3) **懂得**　①dóngde　　②dǒngděi　　③dǒngdé　　④dǒngde

3．次の(1)～(3)の中国語の文の解釈として最も適当なものはどれか、それぞれについて示してある①～④の中から1つ選びなさい。

(1) **听话**
　①耳を傾ける　　　　　　　②（目上や指導者の）言うことを聞く
　③講義や講演を聞く　　　　④聴取する

(2) **磨蹭**
　①ぐずぐずする　　　　　　②返事を待つ
　③大切にする　　　　　　　④容認できない

(3) **看不起**
　①料理の中身も客次第　　　②取り扱う
　③ばかにする　　　　　　　④見抜く

49

4．次の(1)～(3)の日本語の中国語訳として最も適当なものはどれか、それぞれについて示してある①～④の中から1つ選びなさい。

(1) （見て）気に入る
　　①看头　　②看望　　③看做　　④看上
(2) 知らせを待つ
　　①听讲　　②听信儿　　③听写　　④听取
(3) 催促する
　　①联系　　②同行　　③催　　④发出

5．次の(1)～(3)の各文の空欄を埋めるのに最も適当なものはどれか。それぞれについて示してある①～④の中から1つ選びなさい。

(1) 你再磨蹭，就（　　）了。
　　①来得及　　②赶得上　　③来不及　　④去得早
(2) 我（　　）进屋，电话铃就响了。
　　①差　　②刚　　③到了　　④不到
(3) 我刚下车（　　）下起雨来了。
　　①就　　②正　　③快　　④还

6．次の文章を読み、問(1)～(3)の答えとして最も適当なものを、それぞれについて示してある①～④の中から1つ選びなさい。

　　从前有个小偷，夜里悄悄到人家屋里偷东西。不巧那户人家很穷。屋里只有一张床和一个破坛子。〔(1)〕坛子放在床边儿，小偷轻轻地走过去。坛子里有点儿米。小偷把衣服脱下来，铺在地上，打算取米坛子倒米。这时，睡在床上的丈夫醒了。借着月光，他〔(2)〕了小偷。他见小偷转身取米坛子，就悄悄地伸手把小偷的衣服藏在床下。这时，妻子也醒了，小声对丈夫说：“我 tīng jiàn〔(3)〕有什么动静。是不是小偷？”丈夫说：“你是不

是在说梦话？这屋里什么都没有。哪儿来的小偷啊？"小偷一听，急忙大声说："我的衣服刚放在这儿，就被偷走了。怎么还说没有小偷呢？"

問(1) 空欄 (1) を埋めるのに適当な語を1つ選びなさい。
　　①虽然　　　②因为　　　③因而　　　④所以
問(2) 空欄 (2) を埋めるのに適当な語を1つ選びなさい。
　　①看不见　　②看得见　　③看看　　　④看见
問(3) ピンイン文字で表記されている単語 (3) の正しい意味を1つ選びなさい。
　　①听见　　　②听讲　　　③停电　　　④停车

Ⅱ．ライティングにチャレンジ

次の(1)～(3)について、与えられた日本語の意味になるように、それぞれについて示してある①～④の語句を並べ替えたとき、[　]内に位置するものを選びなさい。

明日は日曜日なので、泳ぎに行きたい。
(1) 明天星期天。[　]＿＿＿＿　＿＿＿＿　＿＿＿＿。
　　①我　　　　②所以　　　③想去　　　④游泳
私は彼からお金を貸してもらった。
(2) 我是＿＿＿＿　[　]＿＿＿＿　＿＿＿＿。
　　①他那儿　　②在　　　　③借的　　　④钱
状況をみなさんにちょっと説明しなさい。
(3) 你把情况＿＿＿＿　[　]＿＿＿＿　＿＿＿＿。
　　①说　　　　②跟　　　　③一下　　　④大家

51

Ⅲ．リスニングにチャレンジ 🎧17

次の中国語を聞き、問(1)～(3)に対する答えとして、最も適当なものを、それぞれについて示してある①～④の中から1つ選びなさい。

(1) 小李是几点从家里出来的？
  ① ② ③ ④

(2) 到了八点,小李的手机发出什么声音？
  ① ② ③ ④

(3) 小王每天上班坐什么车？
  ① ② ③ ④

Ⅳ．スピーキングにチャレンジ

次の(1)～(3)について、それぞれについて示してある①～④の語句を使って、中国語で話しなさい。

(1) 因为这几天特别忙，所以我没有时间给你打电话。
  ①过几天再说吧 ②我身体有点儿吃不消
  ③我不能去看你 ④你下星期再给我来电话

(2) 既然来了，就帮我干点儿活儿。
  ①坐一会儿 ②在这儿吃晚饭吧
  ③陪我说说话 ④痛痛快快地玩儿吧

(3) 这件事很难办，所以我来找你。
  ①我也没有办法 ②我帮不了你的忙
  ③让我想想 ④你不要抱什么希望

第五课 Dì wǔ kè

上班的路上
Shàng bān de lù shang

李：今天 你 坐 的 那 趟 车 挤 不 挤？
　　Jīntiān nǐ zuò de nèi tàng chē jǐ bu jǐ?

王：别 提 了。挤 得 我 出 了 一 身 汗。
　　Bié tí le. Jǐ de wǒ chū le yì shēn hàn.

李：我 坐 的 那 趟 车 还 有 座 呢。我 差点儿 忘
　　Wǒ zuò de nèi tàng chē hái yǒu zuò ne. Wǒ chàdiǎnr wàng

　　了。今晚 有 奥运会 实况 转播。
　　le. Jīnwǎn yǒu Àoyùnhuì shíkuàng zhuǎnbō.

王：我 不 是 好 几 天 前 就 告诉 你 把 它
　　Wǒ bú shì hǎo jǐ tiān qián jiù gàosu nǐ bǎ tā

　　预约 好，免得 有 什么 事儿 看不了 吗？
　　yùyuē hǎo, miǎnde yǒu shénme shìr kànbuliǎo ma?

李：没 关系。我 现在 就 用 手机 向 家 里 的
　　Méi guānxi. Wǒ xiànzài jiù yòng shǒujī xiàng jiā li de

　　电脑 发出 指令。让 它 查 一下 哪个 台 什么
　　diànnǎo fāchū zhǐlìng. Ràng tā chá yíxià něige tái shénme

　　时间 直播。到 时间 就 会 自动 录 下来。即使
　　shíjiān zhíbō. Dào shíjiān jiù huì zìdòng lù xialai. Jíshǐ

53

有　事儿　回不去，也　能　看　到　全　场　比赛。
　　yǒu　shìr　huíbuqù,　yě　néng　kàn　dào　quán　chǎng　bǐsài.

王：太　好　了。
　　Tài　hǎo　le.

李：对　了。这　几　天　你　就　天天　到　我　那儿　看
　　Duì　le. Zhè　jǐ　tiān　nǐ　jiù　tiāntiān　dào　wǒ　nàr　kàn
　　吧。晚饭　我　包　了。怎么样？
　　ba.　Wǎnfàn　wǒ　bāo　le.　Zěnmeyàng？

王：那　就　恭敬　不如　从　命　了。
　　Nà　jiù　gōngjìng　bùrú　cóng　mìng　le.

奥运会	Àoyùnhuì オリンピック大会	录	lù 録画する
实况	shíkuàng 実況	即使	jíshǐ たとえ～でも
转播	zhuǎnbō 中継放送する	包	bāo 保証する、任せる、包む、引き受ける、借り切る
免得	miǎnde ～しないですませる		
指令	zhǐlìng 命令（する）	恭敬不如从命	gōngjìng bùrú cóng mìng おっしゃるとおりにする
直播	zhíbō 生放送する		

54

関連単語(5)

暗	àn 暗い、こっそりと	懒	lǎn 不精だ
差	chà 劣る、ちがう、足りない、間違う	美丽	měilì きれいである
淡	dàn （味が）薄い、（色が）浅い	密	mì 間隔がせまい
		难看	nánkàn 醜い
方	fāng 四角の	难听	nántīng 聴きづらい、耳障りである
肥	féi 肥えている		
干	gān 乾燥している	浓	nóng 濃い
干燥	gānzào 乾燥している	暖	nuǎn 暖かい
滑	huá 滑らかである	胖	pàng 太っている
慌	huāng あわてる	平	píng 平らである
尖	jiān とがっている	弱	ruò 弱い
静	jìng 静かである	傻	shǎ 愚かである
巨大	jùdà 巨大である	湿	shī ぬれている
空	kōng 空っぽである	瘦	shòu 痩せている、（服などが）小さくて窮屈である
困	kùn 眠くなる		

碎	suì ばらばらになる	激烈	jīliè 激しい
稳	wěn 安定している	竞争	jìngzhēng 競争（する）
鲜	xiān 新鮮な	聚	jù 集まる、集める
斜	xié 斜めである	庆祝	qìngzhù 祝う
紫	zǐ 紫（色）	亲朋好友	qīnpénghǎoyǒu 親戚と友だち
重新	chóngxīn 再び	如愿以偿	rú yuàn yǐ cháng 願いがかなえられる
等待	děngdài 待つ	暑假	shǔjià 夏休み
奋斗	fèndòu 努力する	学年	xuénián 学年
高考	gāokǎo 大学入試	迎接	yíngjiē 迎える
告一段落	gào yī duànluò １つの区切りとなる	振作	zhènzuò 奮い立たせる
看不了	kànbuliǎo 見ることができない	正好	zhènghǎo 都合よく、ちょうどよい
焦急	jiāojí いらだつ		

訳してみよう（五） 19

今晩 有 奥运会 实况 转播。小 王 好 几
Jīnwǎn yǒu Àoyùnhuì shíkuàng zhuǎnbō. Xiǎo Wáng hǎo jǐ

天 前 就 提醒 小 李 把 它 预约 下来, 免得 公司
tiān qián jiù tíxǐng Xiǎo Lǐ bǎ tā yùyuē xialai, miǎnde gōngsī

有 什么 事儿, 看不了。小 李 忽然 想 起 了 这 件
yǒu shénme shìr, kànbuliǎo. Xiǎo Lǐ hūrán xiǎng qǐ le zhè jiàn

事。他 用 手机 向 家 里 的 电脑 发出 指令,
shì. Tā yòng shǒujī xiàng jiā li de diànnǎo fāchū zhǐlìng,

让 它 查 一 下 哪 个 台 什么 时间 直播, 并 把
ràng tā chá yī xià nǎ ge tái shénme shíjiān zhíbō, bìng bǎ

它 录 下来。
tā lù xialai.

読んでみよう（五） 20

中国 的 学校 一 年 有 两 个 假期——暑假
Zhōngguó de xuéxiào yī nián yǒu liǎng ge jiàqī -- shǔjià

和 寒假。暑假 正好 是 一 个 学年 告 一 段落
hé hánjià. Shǔjià zhènghǎo shì yī ge xuénián gào yī duànluò

的 时候。为了 迎接 新 学年, 有 许多 事情 要 做。
de shíhou. Wèile yíngjiē xīn xuénián, yǒu xǔduō shìqing yào zuò.

高中 毕业生 经过 紧张 的 高考 之 后, 焦急 地
Gāozhōng bìyèshēng jīngguò jǐnzhāng de gāokǎo zhī hòu, jiāojí de

等待 着 大学 的 通知书。因为 中国 的 大学
děngdài zhe dàxué de tōngzhīshū. Yīnwèi Zhōngguó de dàxué

升学率 比较 低, 所以, 竞争 比较 激烈。如果
shēngxuélǜ bǐjiào dī, suǒyǐ, jìngzhēng bǐjiào jīliè. Rúguǒ

57

如愿以偿，接到了大学入学通知书，
rú yuàn yǐ cháng, jiē dào le dàxué rùxué tōngzhīshū,
亲朋好友　要　聚　在　一起　热热闹闹　地　庆祝　一
qīnpénghǎoyǒu yào jù zài yìqǐ rèrènaonao de qìngzhù yī
番。没有　考　上　大学　的　人　当中，也　有　不少
fān. Méiyou kǎo shàng dàxué de rén dāngzhōng, yě yǒu bùshǎo
人　会　重新　振作　起来，继续　奋斗。
rén huì chóngxīn zhènzuò qilai, jìxù fèndòu.

ポイント

1．目的関係複文

　目的関係複文とは目的を提示する文型です。その接続詞として"为（了）…………"（……するために……）"免得…………"（……しないように……）"省得…………"（……せずにすむから……）などが用いられます。

为了　学　好　英语，他　每　天　都　听　英语　广播　讲座。
Wèile xué hǎo Yīngyǔ, tā měi tiān dōu tīng Yīngyǔ guǎngbō jiǎngzuò.
英語をマスターするために、彼女は毎日いつも英語のラジオ講座を聴きます。

你　替　我　转告　一下，免得　他　担　心。
Nǐ tì wǒ zhuǎngào yīxià, miǎnde tā dān xīn.
　　　あなたが私の代わりに、彼が心配しないように伝えてください。

你 顺便 给 我 买 一 块儿 香皂, 省得 我 跑 一 趟。
Nǐ shùnbiàn gěi wǒ mǎi yī kuàir xiāngzào, shěngde wǒ pǎo yī tàng.
あなたはついでに化粧石鹸を１つ買って来てくれよ、私が出かけないですむから。

2．譲歩関係複文

　譲歩関係複文とは前の分文は仮定の状況を示し、後の分文は結果や結論はその仮定の状況に影響されないことを表す文型です。その接続詞として"即使……也……"「たとえ……ても……」"尽管……但是（可是、还是、也）……"「……にもかかわらず……」"哪怕……也（都、总）……"「たとえ……としても……」などが用いられます。

即使 你 不 告诉 我, 我 也 知道。
Jíshǐ nǐ bù gàosu wǒ, wǒ yě zhīdao.
　　　　たとえあなたが教えてくれなくても、私は知っています。

尽管 天气 预报 说 今天 不 下 雨, 但是 他 还是 带
Jǐnguǎn tiānqì yùbào shuō jīntiān bù xià yǔ, dànshì tā háishi dài
着 雨伞 出 门 了。
zhe yǔsǎn chū mén le.
天気予報では今日雨が降らないと言ってるのにもかかわらず、彼はやはり傘を持って出かけました。

哪怕 再 危险, 我 也 要 去。
Nǎpà zài wēixiǎn, wǒ yě yào qù.
　　　　　　どんなに危なくても、私は行きます。

59

Ⅰ．リーディングにチャレンジ

1．次の(1)～(3)について、初めに掲げる単語と声調の組み合わせが同じものを、それぞれについて示してある①～④の中から1つ選びなさい。
    (1) **今晩**　①转播　②激烈　③危险　④焦急
    (2) **奋斗**　①天气　②恭敬　③继续　④竞争
    (3) **等待**　①难听　②暑假　③免得　④学年

2．次の(1)～(3)について、初めに掲げる中国語の単語の正しいピンイン表記を、それぞれについて示してある①～④の中から1つ選びなさい。
    (1) **干燥**　①gānzáo　②gānzhào　③gànzào　④gānzào
    (2) **转告**　①zhuǎngào　②zhuàngào　③zhuǎigào　④zhuāngào
    (3) **正好**　①zhènhào　②zhènghǎo　③zhènghāo　④zhēnghǎo

3．(1)～(3)の中国語の語句の意味はどれが正しいか、それぞれについて示してある①～④の中から1つ選びなさい。
    (1) **淡**
        ①滑らかである　　　　②静かである
        ③(味が) 薄い　　　　④乾燥している
    (2) **尖**
        ①とがっている　　　　②肥えている
        ③こっそりと　　　　　④四角の
    (3) **困**
        ①あわてる　　　　　　②眠くなる
        ③醜い　　　　　　　　④空っぽである

4．次の(1)～(3)の日本語の語句の意味はどれが正しいか、それぞれについて示してある①～④の中から1つ選びなさい。

(1) **不精だ**
　　①难看　　②难听　　③慌　　④懒

(2) **太っている**
　　①胖　　②平　　③肥　　④方

(3) **ばらばらになる**
　　①傻　　②湿　　③碎　　④密

5．次の(1)～(3)の各文の空欄を埋めるのに最も適当なものはどれか、それぞれについて示してある①～④の中から1つ選びなさい。

(1) 即使下雨，运动会（　　）照常进行。
　　①不能　　②省得　　③也会　　④也不会

(2) 他今天背（　　）是前几天他女朋友给他买的那个背包。
　　①了　　②的　　③过　　④着

(3) 多带点儿钱，（　　）不够。
　　①免得　　②为了　　③尽管　　④哪怕

6．次の文章を読み、問(1)～(3)の答えとして最も適当なものを、それぞれについて示してある①～④の中から1つ選びなさい。

　　中国的学校一年有两个假期—暑假和寒假。暑假正好是一个学年告一段落的时候。为了迎接新学年，有许多事情要做〔(1)〕。高中毕业生经过紧张的高考之后，焦急地等待着大学的通知书。因为中国的大学入学率很低，所以竞争非常激烈。〔(2)〕如愿以偿，接到了大学入学通知书，亲朋好友要聚在一起热热闹闹地庆

祝一番。没有考上大学的人当中，也有不少人会重新振作起来，jìxù〔(3)〕奋斗。

問(1) (1)の日本語訳として正しいものは、次のどれか。
①夏休みは一年の区切りとなるので、新学期の準備でなにかと忙しい。
②夏休みは１年の授業が終わったので、新学期を迎えるためにいそがしい。
③夏休みは１年の中で一番忙しくて、また宿題も一番多く出される。
④夏休みは一番長くて、暇があるので、のんびりと好きなことをすることができる。

問(2) 空欄(2)を埋めるのに適当な単語は、次のどれか。
①即使　　②哪怕　　③如果　　④因为

問(3) ピンイン文字で表記されている単語(3)の正しい漢字表記は、次のどれか。
①迎接　　②激烈　　③焦急　　④継续

Ⅱ．ライティングにチャレンジ

次の(1)～(3)について、正しい文になるように、それぞれについて示してある①～④の語句を並べ替えた時、[　]内に位置するものはどれか。１つ選びなさい。

たとえ彼女が気分をわるくしても、わたしはいう。
(1) 即使她＿＿＿　＿＿＿　[　　]　＿＿＿。
　　①说　　　②我也　　③不高兴　　④要

みんなに反対されても、彼女はやはり行く。
(2) 尽管＿＿＿　＿＿＿　[　　]　＿＿＿。
　　①反对　　②大家　　③她还是　　④要去

英語のヒヤリングの能力を高めるために、彼女は毎日テープを聴いている。
(3) 为了提高英语听力水平，[　　]　＿＿＿　＿＿＿　＿＿＿。
　　①每天都　　②她　　③听　　④录音

Ⅲ．リスニングにチャレンジ 21

次の中国語の文を聞き、問(1)～(3)に対する答えとして、最も適当なものを、①～④の中から1つ選びなさい。

(1) 小王今天是怎么去学校的？
　　①　　　②　　　③　　　④
(2) 小李坐的那趟车人多不多？
　　①　　　②　　　③　　　④
(3) 小李想起了什么事？
　　①　　　②　　　③　　　④

63

Ⅳ．スピーキングにチャレンジ

次の(1)～(3)について、それぞれについて示してある①～④の語句を使って、自分で組み合わせて、中国語で話しなさい。

(1) 为了你的健康干杯。
　　①考上大学，他每天学习到半夜
　　②锻炼身体，他每天坚持跑步
　　③买台电脑，他一个星期打四天工
　　④安全，请你系（jì）好安全带

(2) 你能不能替我去一趟，省得我去。
　　①买回一瓶牛奶来　　　②还这本书
　　③通知他一下　　　　　④把他叫来

(3) 即使我们住的很近，也很少见面。
　　①你不高兴，我也没有办法
　　②找不到工作，也不要担心
　　③我说得不对，你也不要生气
　　④说错了，也不要紧

第六课 Dì liù kè

上班之后
Shàng bān zhī hòu

李：我 今天 早上 是 提前 二十 分钟 到 的 公司。
　　Wǒ jīntiān zǎoshang shì tíqián èrshí fēnzhōng dào de gōngsī.

王：真是 太阳 从 西边 出来。你 今天 是 不 是
　　Zhēnshi tàiyáng cóng xībiān chūlai. Nǐ jīntiān shì bu shi

　　看 错 表 了？
　　kàn cuò biǎo le?

李：不 是。早晨 科长 来 电话 说 上 班 以后
　　Bú shì. Zǎochen kēzhǎng lái diànhuà shuō shàng bān yǐhòu

　　研究 一下 去 厦门 出 差 的 事儿。
　　yánjiū yíxià qù Xiàmén chū chāi de shìr.

王：你 又 出 差 啊？你们 科 出 差 的 活儿 怎么
　　Nǐ yòu chū chāi a? Nǐmen kē chū chāi de huór zěnme

　　你 一 个 人 包 下 了？
　　nǐ yí ge rén bāo xià le?

李：别人 去，科长 不 是 不 放 心 嘛。
　　Biérén qù, kēzhǎng bú shì bú fàng xīn ma.

王：得 了 吧。你 还是 好 说 话。
　　Dé le ba. Nǐ háishi hǎo shuō huà.

李：说 心里话， 每 次 让 我 出 差， 我 不仅 不
　　Shuō xīnlihuà, měi cì ràng wǒ chū chāi, wǒ bùjǐn bù

　　生气， 而且 还 挺 高兴。 趁 年轻 多 学 点儿
　　shēngqì, érqiě hái tǐng gāoxìng. Chèn niánqīng duō xué diǎnr

　　业务、 长长 见识， 求 之 不 得 呢。
　　yèwù, zhǎngzhang jiànshi, qiú zhī bù dé ne.

王：好 不 容易 盼 来 了 长假。 你 又 要 出 差。
　　Hǎo bù róngyì pàn lái le chángjià. Nǐ yòu yào chū chāi.

　　真 扫 兴。
　　Zhēn sǎo xìng.

提前	tíqián （予定の時間を）繰り上げる	趁	chèn 〜のうちに、〜を利用して
太阳从西边出来	tàiyáng cóng xībiān chūlai とても変なことの喩え	业务	yèwù 業務、仕事、勤め
		长见识	zhǎng jiànshi 見聞を広める
		求之不得	qiú zhī bù dé 願ってもない
看错	kàn cuò 見間違える	好不容易	hǎo bù róngyì やっとのことで
包	bāo 引き受ける	盼	pàn 待ち望む
好说话	hǎo shuō huà 話しやすい	扫兴	sǎo xìng 興ざめする
心里话	xīnlihuà 思っていること		

関連単語(6)

別扭	bièniu 思いどおりにいかない、扱いにくい、ひねくれている	健美比赛	jiànměi bǐsài ボディービル・コンテスト
差事	chāishi 公務、役目	京剧	jīngjù 京劇
大街	dàjiē 大通り	美术	měishù 美術
高速公路	gāosù gōnglù ハイウェー	拳击	quánjī ボクシング
公路	gōnglù 自動車道路	散文	sǎnwén (随筆・ルポ・雑文を含む)散文
故乡	gùxiāng ふるさと	摄影	shèyǐng 撮影する、写真を取る
老家	lǎojiā 故郷	诗歌	shīgē 詩歌
马路	mǎlù 大通り	时装表演	shízhuāngbiǎoyǎn ファッション・ショーの実演
山区	shānqū 山地		
铁道	tiědào 鉄道	书籍	shūjí 書籍
沿海城市	yánhǎi chéngshì 沿海都市	摔跤	shuāijiāo 相撲
芭蕾	bāléi バレエ	舞蹈	wǔdǎo 踊り
歌剧	gējù オペラ	相声	xiàngsheng 漫才
话剧	huàjù 新劇、現代劇	杂技	zájì サーカス

传真机	chuánzhēnjī ファックス	保留	bǎoliú とどめる、保留(する)、残しておく
电剃刀	diàntìdāo 髭剃り	保证	bǎozhèng 保証する
电风扇	diànfēngshàn 扇風機	当中	dāngzhōng 〜の中
电梯	diàntī エレベーター	古诗	gǔshī 古詩
复印机	fùyìnjī コピー機	读法	dúfǎ 読み方
数码相机	shùmǎ xiàngjī デジカメ	费劲	fèi jìn 骨がおれる、苦労する
包括	bāokuò (〜を)含む	好容易	hǎoróngyì やっとのことで、ようやく
保持	bǎochí (現状を)保つ、維持する	准确	zhǔnquè 正確である
保存	bǎocún 保存する	朗诵	lǎngsòng 朗読する
保护	bǎohù 保護(する)、保全(する)		

訳してみよう（六） 23

早晨　科长　给　小　李　来　电话　说　科　里
Zǎochen kēzhǎng gěi Xiǎo Lǐ lái diànhuà shuō kē li
打算　让　小　李　明天　去　厦门　出　一　趟　差，上
dǎsuan ràng Xiǎo Lǐ míngtiān qù Xiàmén chū yī tàng chāi, shàng
班　之　后　再　具体　研究　一下。小　李　听　了　很
bān zhī hòu zài jùtǐ yánjiū yīxià. Xiǎo Lǐ tīng le hěn
高兴。他　觉得　趁　年轻　应该　多　学　点儿　业务、
gāoxìng. Tā juéde chèn niánqīng yīnggāi duō xué diǎnr yèwù、
长长　见识。早晨　他　提前　二十　分钟　到　的　公司。
zhǎngzhang jiànshi. Zǎochen tā tíqián èrshí fēnzhōng dào de gōngsī.

読んでみよう（六） 24

在　我　教　过　的　日本　学生　当中，有些　人
Zài wǒ jiāo guo de Rìběn xuésheng dāngzhōng, yǒuxiē rén
学　过　中国　的　古诗。听　他们　说　他们　最初　是
xué guo Zhōngguó de gǔshī. Tīng tāmen shuō tāmen zuìchū shì
在　学校　里　学　的。当时　学　的　是　日本式　读法，
zài xuéxiào li xué de. Dāngshí xué de shì Rìběnshì dúfǎ,
读　起来　很　费　劲。现在　他们　当中　有的　人　不仅
dú qilai hěn fèi jìn. Xiànzài tāmen dāngzhōng yǒude rén bùjǐn
能　准确　地　用　汉语　朗诵　中国　的　古诗，而且
néng zhǔnquè de yòng Hànyǔ lǎngsòng Zhōngguó de gǔshī, érqiě
还能　把　它　译　成　日语。
hái néng bǎ tā yì chéng Rìyǔ.

69

ポイント

1．累加関係複文

　累加関係複文とはある事柄にさらにある事柄を付け加える添加関係を表す文であります。その接続詞として"**不但……而且……**"「……だけでなく、その上に……」、"**不仅……还……**"「……ばかりか、でもある……」などが用いられます。

这个　商店　不仅　东西　好，而且 价钱　也　比　别的　商
Zhège shāngdiàn bùjǐn dōngxi hǎo, érqiě jiàqian yě bǐ biéde shāng

店　便宜。
diàn piányi.

　　　　　この店は品がよいばかりか、値段もほかの店より安いです。

他 不但 学 过 这 首 诗，而且 还 能 把 它 背 下来。
Tā bùdàn xué guo zhè shǒu shī, érqiě hái néng bǎ tā bèi xialai.

　　　　　彼はこの詩を習っただけではなく、全部覚えています。

她 不仅 会 弹 钢琴，还 会 拉 小提琴。
Tā bùjǐn huì tán gāngqín, hái huì lā xiǎotíqín.

　　　　　彼女はピアノだけではなく、バイオリンも弾けます。

2．"趁"

　"趁"は「～を利用して」、「～に乗じて」、「～のうちに」という意味を表します。

　　趁 这 次 出 差 的 机会，我 想 去 看看 他。
　　Chèn zhè cì chū chāi de jīhuì, wǒ xiǎng qù kànkan tā.
　　　　　今度の出張の機会を利用して、彼を訪ねて行こうと思います。

　　趁 早 准备 吧。
　　Chèn zǎo zhǔnbèi ba.

　　　　　　　　　　　　　　　　早めに準備してください。

　　趁 热 吃 吧。
　　Chèn rè chī ba.

　　　　　　　　　　　　　　　　熱いうちにどうぞ。

Ⅰ．リーディングにチャレンジ

1．次の(1)～(3)について、初めに掲げる単語と声調の組み合わせが同じものを、それぞれについて示してある①～④の中から1つ選びなさい。

 (1) **歌剧** ①诗歌 ②京剧 ③舞蹈 ④杂技
 (2) **美术** ①散文 ②书籍 ③美好 ④表现
 (3) **包括** ①比赛 ②必然 ③音乐 ④足球

2．次の(1)～(3)について、初めに掲げる中国語の単語の正しいピンイン表記を、それぞれについて示してある①～④の中から1つ選びなさい。

 (1) **扫兴** ①sǎoxīng ②sǎoxìng ③sàoxīng ④sàoxīng
 (2) **别扭** ①bièniǔ ②biéniǔ ③bièniu ④biéniu
 (3) **差事** ①chàshi ②chāshì ③chāishi ④chàshì

3．次の(1)～(3)の中国語の語句の意味はどれが正しいか。それぞれについて示してある①～④の中から1つ選びなさい。

 (1) **电梯**
  ①ファックス ②エレベーター
  ③コピー機 ④デジカメ
 (2) **懂得**
  ①扱う ②避ける
  ③わかる ④含む
 (3) **保护**
  ①保証する ②残しておく
  ③維持する ④保護する

4．次の(1)～(3)の日本語の語句の意味はどれが正しいか。それぞれについて示してある①～④の中から1つ選びなさい。

(1) **サーカス**
　①摔跤　　　②杂技　　　③拳击　　　④相声

(2) **生放送**
　①预约　　　②联系　　　③转播　　　④直播

(3) **業務**
　①书籍　　　②业务　　　③比赛　　　④电视

5．次の(1)～(3)の各文の空欄を埋めるのに最も適当なものはどれか、それぞれについて示してある①～④の中から1つ選びなさい。

(1) 他不但喜欢读散文，（　　）还喜欢读小说。
　①以前　　　②将来　　　③以后　　　④而且

(2) 老师（　　）没批评他，还表扬了他。
　①因为　　　②不仅　　　③如果　　　④哪怕

(3) 为了买这本书，我跑了好几家书店（　　）才买到。
　①正要　　　②肯定　　　③一定　　　④好不容易

6．次の文章を読み、問(1)～(3)の答えとして最も適当なものを、それぞれについて示してある①～④の中から1つ選びなさい。

　　在我教过的日本学生当中，有些人学过中国的古诗。<u>听他们说，他们最初是在学校里学的</u>〔(1)〕。当时学的是日本式读法，读起来很费劲。现在他们当中有的人〔(2)〕能准确地用汉语朗诵中国的古诗，<u>érqiě</u>〔(3)〕还能把它译成日语。

問(1) (1)の日本語訳として正しいものは、次のどれか。
　①彼らは学校で習ったみたいだ。
　②最初彼らは学校で習ったそうだ。
　③最初彼らは学校で習ったと聞いた。
　④彼らの話によると、最初彼らは学校で習ったそうだ。
問(2) 空欄(2)を埋めるのに適当な単語は、次のどれか。
　①趁　　　②正好　　　③不仅　　　④趁早
問(3) ピンイン文字で表記されている単語(3)の正しい漢字表記は、次のどれか。
　①然而　　　②而且　　　③任何　　　④反而

II. ライティングにチャレンジ

次の(1)～(3)について、正しい文になるように、それぞれについて示してある①～④の語句を並べ替えた時、[　]内に位置するものはどれか。1つ選びなさい。

中国語の発音の中で声調がとても難しい。
(1) 汉语发音_____　[　]　_____　_____。
　①声调　　　②很　　　③难　　　④中的

李さんの話によると、彼と彼の友達は用事で来られないそうだ。
(2) 听小李说,_____　_____　_____　[　]。
　①和他的朋友　②他　③有事儿　④来不了

何度も行って、ようやく彼の家の住所がわかった。
(3) 去了好几趟,[　]　_____　_____　_____。
　①打听到　　②好不容易　③他家的　④地址

Ⅲ．リスニングにチャレンジ 🎧25

次の中国語の文を聞き、問(1)〜(3)に対する答えとして、最も適当なものを、①〜④の中から1つ選びなさい。

(1) 早晨谁给小李来的电话？
  ①　　　　②　　　　③　　　　④
(2) 早晨小李接到的电话的内容是什么？
  ①　　　　②　　　　③　　　　④
(3) 小李对让他出差这件事是怎么想的？
  ①　　　　②　　　　③　　　　④

Ⅳ．スピーキングにチャレンジ

次の(1)〜(3)について、それぞれについて示してある①〜④の語句を使って、自分で組み合わせて、中国語で話しなさい。

(1) 我想趁这个假期，回一趟老家。
  ①出去旅游　　　　　②好好儿休息一下
  ③学一下游泳　　　　④去医院看牙
(2) 好不容易来一次，就多住些日子吧。
  ①去一次，就呆一天回来了
  ②借到钱，想买的车又卖没了
  ③找到他家，他又出差了
  ④买了一辆摩托车，没骑几天丢了
(3) 她不但漂亮，而且很聪明。
  ①会英语、还会法语　　　②集邮、还收集古代的货币
  ③没说我、还让我原谅她　④脾气不好、还经常喝酒

75

第七课 Dì qī kè

午休时间
Wǔxiū shíjiān

李：刚才　家　里　的　电脑　给　我　发　来　了　通知。
　　Gāngcái jiā li de diànnǎo gěi wǒ fā lái le tōngzhī.

王：什么　事儿？
　　Shénme shìr?

李：电脑　告诉　我　它　对　冰箱　里　的　储存　食品
　　Diànnǎo gàosu wǒ tā duì bīngxiāng li de chǔcún shípǐn

　　进行　了　检查，发现　水果　和　鸡蛋　的　存量
　　jìnxíng le jiǎnchá, fāxiàn shuǐguǒ hé jīdàn de cúnliàng

　　不足，并　列　出　了　需要　采购　的　东西。
　　bùzú, bìng liè chū le xūyào cǎigòu de dōngxi.

王：那　你　就　按照　单子，下　班　后　去　超市　买，不
　　Nà nǐ jiù ànzhào dānzi, xià bān hòu qù chāoshì mǎi, bú

　　就　行　了　吗？
　　jiù xíng le ma?

李：我　可　没有　那个　闲工夫。只要　我　同意　采购，
　　Wǒ kě méiyǒu nàge xiángōngfu. Zhǐyào wǒ tóngyì cǎigòu,

　　电脑　会　向　网络　商店　订购，并　直接　用　我
　　diànnǎo huì xiàng wǎngluò shāngdiàn dìnggòu, bìng zhíjiē yòng wǒ

的 电子 钱包 付 款。
　　de diànzǐ qiánbāo fù kuǎn.

王：对 了。你 今天 还 加 班 吗？
　　Duì le. Nǐ jīntiān hái jiā bān ma?

李：不 加 班。五 点 半 咱们 准时 在 老 地方
　　Bù jiā bān. Wǔ diǎn bàn zánmen zhǔnshí zài lǎo dìfang
见 面。
jiàn miàn.

王：好。咱们 不 见 不 散。
　　Hǎo. Zánmen bú jiàn bú sàn.

储存	chǔcún 貯蔵（する）	闲工夫	xiángōngfu 暇
存量	cúnliàng 保存量	网络	wǎngluò ネットワーク
不足	bùzú 不足する	订购	dìnggòu 注文する
采购	cǎigòu 仕入れる、買い付ける	付款	fù kuǎn お金を払う
按照	ànzhào 〜によって、〜のとおりに	加班	jiā bān 残業する
		准时	zhǔnshí 時間どおりに
超市	chāoshì スーパー	老地方	lǎo dìfang いつもの場所

関連単語(7)

半成品	bànchéngpǐn 半製品	饭碗	fànwǎn お茶碗
副食	fùshí 副食	盘子	pánzi 大皿
红葡萄酒	hóngpútáojiǔ 赤ワイン	蒸笼	zhēnglóng セイロ
黄油	huángyóu バター	安心	ān xīn （気持が）落ち着く
辣白菜	làbáicài キムチ	安全	ānquán 安全である
绿茶	lùchá 緑茶	傲慢	àomàn 傲慢である、おごり高ぶっている
奶酪	nǎilào チーズ		
酸奶	suānnǎi ヨーグルト	宝贵	bǎoguì 希少価値のある、大切だ
咸菜	xiáncài 漬物	抱歉	bàoqiàn すまなく思う
饮料	yǐnliào 飲み物	本来	běnlái 本来の
主食	zhǔshí 主食	必然	bìrán 必然的に、必ず
茶杯	chábēi 湯のみ	必要	bìyào 必要（である）
炒勺	chǎosháo おたま	差不多	chàbuduō ほとんど（同じく）
匙子	chízi スプーン	大量	dàliàng 大量の、多量の
碟子	diézi お皿		

大胆	dàdǎn 大胆である		ど、あやうく
单调	dāndiào 単調である	十二生肖	shí'èr shēngxiào 十二支によって唱える生まれ年
单独	dāndú 単独である、独自である	鼠	shǔ ネズミ
大批	dàpī 多くの、大量の	牛	niú 牛
的确	díquè 確かに、本当に	虎	hǔ 虎
干脆	gāncuì きっぱりとしている	兔	tù ウサギ
		龙	lóng 龍
个别	gèbié 個別の、珍しい、非常に少ない	蛇	shé 蛇
		马	mǎ 馬
公开	gōngkāi 公開の	羊	yáng 羊
好听	hǎotīng 聞いて気持ちがよい、（言うことが）立派である、人聞きがよい	猴	hóu 猿
		鸡	jī 鶏
糊涂	hútu 愚かである、わけがわからない、めちゃくちゃである、でたらめである	狗	gǒu 犬
		猪	zhū 豚
		十二地支	shí'èr dìzhī 十二支
几乎	jīhū 〜に近い、ほとん		

子	zǐ 十二支の第1位	午	wǔ 十二支の第7位
丑	chǒu 十二支の第2位	未	wèi 十二支の第8位
寅	yín 十二支の第3位	申	shēn 十二支の第9位
卯	mǎo 十二支の第4位	酉	yǒu 十二支の第10位
辰	chén 十二支の第5位	戌	xū 十二支の第11位
巳	sì 十二支の第6位	亥	hài 十二支の第12位

訳してみよう（七） 27

小 李 收 到 了 家 里 的 电脑 发 来 的 通知
Xiǎo Lǐ shōu dào le jiā li de diànnǎo fā lái de tōngzhī
说 冰箱 里 的 水果 和 鸡蛋 的 存量 不 多, 还
shuō bīngxiāng li de shuǐguǒ hé jīdàn de cúnliàng bù duō, hái
列 出 了 需要 采购 的 东西。小 李 没有 时间 去
liè chū le xūyào cǎigòu de dōngxi. Xiǎo Lǐ méiyǒu shíjiān qù
采购。他 总 是 通过 电脑 向 网络 商店 订购,
cǎigòu. Tā zǒng shì tōngguò diànnǎo xiàng wǎngluò shāngdiàn dìnggòu,
并 直接 用 电子 钱包 付 款。
bìng zhíjiē yòng diànzǐ qiánbāo fù kuǎn.

読んでみよう（七）

中国人　　想　知道　对方　的　年龄　时，有时　不
Zhōngguórén xiǎng zhīdao duìfāng de niánlíng shí, yǒushí bù

直接　问，而　问："你　属　什么？"只要　知道　对方
zhíjiē wèn, ér wèn: "Nǐ shǔ shénme?" Zhǐyào zhīdao duìfāng

的　生肖，就　能　知道　他　的　具体　年龄。这　是
de shēngxiào, jiù néng zhīdao tā de jùtǐ niánlíng. Zhè shì

因为　中国人　自　古　以来　有　用　十二　生肖（鼠、
yīnwèi Zhōngguórén zì gǔ yǐlái yǒu yòng shí'èr shēngxiào (shǔ,

牛、虎、兔、龙、蛇、马、羊、猴、鸡、狗、猪）
niú, hǔ, tù, lóng, shé, mǎ, yáng, hóu, jī, gǒu, zhū)

配　十二　地支（子、丑、寅、卯、辰、巳、午、未、申、
pèi shí'èr dìzhī (zǐ, chǒu, yín, mǎo, chén, sì, wǔ, wèi, shēn,

酉、戌、亥）表示　生辰　的　习惯。子年　生　的　属
yǒu, xū, hài) biǎoshì shēngchén de xíguàn. Zǐnián shēng de shǔ

鼠。丑年　生　的　属牛。汉语　里　也　有　像"你
shǔ. Chǒunián shēng de shǔ niú. Hànyǔ li yě yǒu xiàng "Nǐ

是　不　是　属　猴　的？一　天　到　晚　没有　安静　的
shì bu shi shǔ hóu de? Yī tiān dào wǎn méiyǒu ānjìng de

时候"、"你　属　兔　的。怪　不　得　那么　胆小"等
shíhou", "Nǐ shǔ tù de. Guài bu de nàme dǎn xiǎo" děng

形象　的　表现。除了　中国　以外，在　古代　印度、
xíngxiàng de biǎoxiàn. Chúle Zhōngguó yǐwài, zài gǔdài Yìndù,

希腊、埃及　等　国　也　用　十二　生肖　纪　年。
Xīlà, Āijí děng guó yě yòng shí'èr shēngxiào jì nián.

ポイント

1．条件関係複文

　条件関係複文とは前の分文は条件を述べ、後の分文はその条件のもとで生じる結果を述べます。その接続詞として**"只要……就……"**「……さえすれば、……する」はいろいろな条件のなかでも、それさえすればできるという最低限の条件を示し、**"只有……才……"**「……しないかぎり……」はいろいろな条件の中で話し手にとって、最も大切な条件、不可欠のもので、それをしないかぎり、何でもできないことを示めます。ほかに**"无论（不论）……都（也）……"**「……を問わず、……」などが用いられます。

只要 一 到 二十 岁, 他 就 想 自己 一 个 人 出去 过。
Zhǐyào yī dào èrshí suì, tā jiù xiǎng zìjǐ yī ge rén chūqu guò.
彼は二十歳になりさえすれば、一人暮らしをしようとおもっています。

这 件 事 只有 你 才 能 解决。
Zhè jiàn shì zhǐyǒu nǐ cái néng jiějué.
　　　　　　　　この事はあなたでなければ、解決できません。

无论 交 给 他 什么 工作, 他 都 能 很 好 地
Wúlùn jiāo gěi tā shénme gōngzuò, tā dōu néng hěn hǎo de
加以 完成。
jiāyǐ wánchéng.
　　　　　　　　どんな仕事を任せても, 彼はうまくやり遂げます。

2．"怪不得"

"怪不得"は「道理で」、「なるほど〜だ」、「〜するのも無理はない」、「〜するのもそのはずだ」などの意味を表します。

你 在 中国 留 过 学 啊。怪 不 得 汉语 说 得
Nǐ zài Zhōngguó liú guo xué a. Guài bu de Hànyǔ shuō de

这么 好。
zhème hǎo.

あなたは中国で留学したんですか、道理でこんなに上手に中国語をしゃべりますね。

你 是 老 李 的 儿子 啊。怪 不 得 长 得 这么 像
Nǐ shì lǎo Lǐ de érzi a. Guài bu de zhǎng de zhème xiàng

你 父亲。
nǐ fùqin.

あなたは李さんの息子なんだ、なるほどお父さんに似ていますね。

她 是 歌手 啊。怪 不 得 唱 得 那么 好。
Tā shì gēshǒu a. Guài bu de chàng de nàme hǎo.

彼女は歌手だって、道理でうまいとおもいました。

83

Ⅰ．リーディングにチャレンジ

1．次の(1)〜(3)について、初めに掲げる単語と声調の組み合わせが同じものを、それぞれについて示してある①〜④の中から1つ選びなさい。

  (1) **碟子** ①炒勺 ②本来 ③盘子 ④骄傲
  (2) **大胆** ①酸奶 ②奶酪 ③饭碗 ④茶杯
  (3) **干脆** ①汽水 ②宝贵 ③饮料 ④单调

2．次の(1)〜(3)について、初めに掲げる中国語の単語の正しいピンイン表記を、それぞれについて示してある①〜④の中から1つ選びなさい。

  (1) **的确** ①déquè ②dìquè ③díquè ④dīquè
  (2) **几乎** ①jĭhu ②jīhu ③jĭhū ④jīhū
  (3) **单调** ①dāndiào ②shàndiào ③dāntiáo ④chándiào

3．次の(1)〜(3)の中国語の語句の意味はどれが正しいか。それぞれについて示してある①〜④の中から1つ選びなさい。

  (1) **猴**
    ①鶏   ②犬
    ③豚   ④猿
  (2) **大量**
    ①ほとんど（同じく） ②大皿
    ③本当に   ④大量の
  (3) **的确**
    ①大切だ   ②本来の
    ③確かに   ④必ず

4．次の(1)～(3)の日本語の語句の意味はどれが正しいか。それぞれについて示してある①～④の中から1つ選びなさい。

(1) **漬物**
　　①辣白菜　　②咸菜　　③奶酪　　④黄油
(2) **すまなく思う**
　　①抱歉　　②错误　　③公开　　④糊涂
(3) **希少価値のある**
　　①单独　　②宝贵　　③单调　　④个别

5．次の(1)～(3)の各文の空欄を埋めるのに最も適当なものはどれか、それぞれについて示してある①～④の中から1つ選びなさい。

(1) 你病了。(　　)脸色那么不好。
　　①本来　　②怪不得　　③幸亏　　④肯定
(2) 无论你怎么解释，他还是听(　　)。
　　①得进去　　②不进去　　③得清楚　　④得懂
(3) 只要努力，就能(　　)工作。
　　①做到　　②做　　③做好　　④做完

6．次の文章を読み、問(1)～(3)の答えとして最も適当なものを、それぞれについて示してある①～④の中から1つ選びなさい。

　　中国人想知道对方的年龄时，有时不直接问，而问："你属什么？"〔(1)〕。〔(2)〕知道对方的生肖,就能知道他的具体年龄。这是因为中国人自古以来有用十二生肖（鼠、牛、虎、兔、龙、蛇、马、羊、猴、鸡、狗、猪）配十二地支（子、丑、寅、卯、辰、巳、午、未、申、酉、戌、亥）表示生辰的习惯。子年生的属鼠。丑年生的属牛。汉语里也有像"你是不是属猴的？一天到晚没有安静的时候"、"你属兔的。〔(3)〕那么胆小"等形象的表现。除了

85

中国以外、在古代印度、希腊、埃及等国也用十二生肖纪年。

問(1) 空欄(1)を埋めるのに適当な単語は、次のどれか。
①あなたはどこの会社の人ですか。
②あなたはどの課のひとですか。
③あなたはどこの出身ですか。
④あなたは何年ですか。

問(2) 空欄(2)を埋めるのに適当な単語は、次のどれか。
①只要　　　②宁可　　　③即使　　　④不但

問(3) 空欄(3)を埋めるのに適当な単語は、次のどれか。
①因为　　　②只有　　　③怪不得　　④而且

Ⅱ．ライティングにチャレンジ

次の(1)～(3)について、正しい文になるように、それぞれについて示してある①～④の語句を並べ替えた時、[　]内に位置するものはどれか。1つ選びなさい。

道路が混んでいなければ、遅れないと思う。
(1) 只要路上不 [　] 　　　 　　　 　　　。
　　①迟到　　　②就　　　③堵车　　　④不能

明日雨さえ降らなければ、みんなでバーベキューに行く。
(2) 只要明天不 [　] 　　　 　　　 　　　。
　　①野餐　　　②大家　　　③就去　　　④下雨

仕事が忙しいかどうかを問わず、彼は毎日外国語を学ぶ。
(3) 无论工作 [　] 　　　 　　　 　　　。
　　①他每天都　②多忙　　　③外语　　　④学习

Ⅲ．リスニングにチャレンジ 🎧29

次の中国語の文を聞き、問(1)～(3)に対する答えとして、最も適当なものを、①～④の中から１つ選びなさい。

(1) 谁给小李发来的通知？
　　① 　　　　② 　　　　③ 　　　　④

(2) 通知的内容是什么？
　　① 　　　　② 　　　　③ 　　　　④

(3) 晚上小李和小王在哪儿见面？
　　① 　　　　② 　　　　③ 　　　　④

Ⅳ．スピーキングにチャレンジ

次の(1)～(3)について、それぞれについて示してある①～④の語句を使って、自分で組み合わせて、中国語で話しなさい。

(1) 只有这样做，<u>才能解决问题</u>。
　　①才能得到大家的同意　　②他才高兴
　　③才对你有利　　　　　　④事情才能办好

(2) 无论到哪儿，<u>他都带着笔记本电脑</u>。
　　①他都带着英语单词本　　②他都带着信用卡
　　③他都先去书店转转　　　④他都要买一本旅游手册

(3) 你<u>出差了</u>。怪不得这几天没见到你。
　　①出去旅游了　　　　　　②病了
　　③回老家了　　　　　　　④出国了

87

第八课 Dì bā kè

下班之后
Xià bān zhī hòu

李：你 怎么 才 来？ 整整 晚 了 半 个 小时。我
　　Nǐ zěnme cái lái? Zhěngzhěng wǎn le bàn ge xiǎoshí. Wǒ
　　还 以为 你 和 你 的 那 位 老 同学 约会 去
　　hái yǐwéi nǐ hé nǐ de nèi wèi lǎo tóngxué yuēhuì qù
　　了 呢。
　　le ne.

王：对不起。路 上 堵 车 堵 得 厉害。咱们 打
　　Duìbuqǐ. Lù shang dǔ chē dǔ de lìhai. Zánmen dǎ
　　出租车 吧。
　　chūzūchē ba.

李：对。不然 不 赶 趟 了。
　　Duì. Bùrán bù gǎn tàng le.

王：真 急 人。怎么 还 不 来？
　　Zhēn jí rén. Zěnme hái bù lái?

李：与其 在 这儿 等 车，不如 到 前面 的 十字路口
　　Yǔqí zài zhèr děng chē, bùrú dào qiánmian de shízìlùkǒu
　　截 一 辆 出租车。
　　jié yí liàng chūzūchē.

88

王：你 看。正好 来 了 一 辆 出租车。快 上 车
　　Nǐ kàn. Zhènghǎo lái le yí liàng chūzūchē. Kuài shàng chē
吧。
ba.

李：师傅，我们 去 长春路 五十五 号。
　　Shīfu, wǒmen qù Chángchūnlù wǔshiwǔ hào.

王：麻烦 你 抄 一下 近道。越 快 越 好。我们
　　Máfan nǐ chāo yíxià jìndào. Yuè kuài yuè hǎo. Wǒmen
赶 回去 看 奥运会 实况 转播。
gǎn huíqu kàn Àoyùnhuì shíkuàng zhuǎnbō.

整整	zhěngzhěng	不然	bùrán
	まるまる		そうでなければ
约会	yuēhuì	赶趟儿	gǎn tàngr
	会うことを約束する		間に合う
堵车	dǔ chē	截	jié
	渋滞する		引き止める
厉害	lìhai	抄近道	chāo jìndào
	ひどい		近道をとる
打出租车	dǎ chūzūchē		
	タクシーに乗る		

関連単語(8)

打败	dǎ bài 打ち負かす		打破	dǎ pò 打ち破る
打扮	dǎban 着飾る		打气	dǎ qì 空気を入れる、激励する
打岔	dǎ chà 話の腰をおる		打球	dǎ qiú 球技をする、ボールで遊ぶ
打倒	dǎ dǎo 打ち倒す			
打的	dǎ dí タクシーに乗る		打扰	dǎrǎo 邪魔をする
打掉	dǎ diào (たたくなどして)落とす		打扫	dǎsǎo 掃除する
			打听	dǎting 問い合わせる
打赌	dǎ dǔ 賭けをする		打仗	dǎ zhàng 戦いをする
打断	dǎ duàn 断ち切る		打招呼	dǎ zhāohu あいさつする
打击	dǎjī 打ちたたく		打针	dǎ zhēn 注射する
打架	dǎ jià 殴り合いをする		打字	dǎ zì タイプライターを打つ
打搅	dǎjiǎo 邪魔をする			
打开	dǎ kāi 開ける、開く、スイッチを入れる		爱	ài よく〜する
			爱护	àihù 大切にし保護する
打量	dǎliang じろじろ見る		按时	ànshí 時間どおりに
打猎	dǎ liè 猟をする			

办公	bàn gōng 事務をとる、執務する		不断	bùduàn 絶えず、絶え間なく
办事	bàn shì 仕事をする、用を足す		不敢当	bù gǎn dāng （賛辞などに対する返答）恐れ入ります、どういたしまして
闭	bì 閉める、閉じる、詰まる、ふさがる、終わる、停止する		不许	bùxǔ 許さない、～してはいけない
避	bì よける、避ける、防ぐ、防止する		不要紧	bù yàojǐn 差し支えない、かまわない
编	biān 編む、（一定の順序に）配列する、編成する、編集する、（歌詞脚本などを）創作する、でっち上げる、捏造する		不一定	bù yīdìng ～とは限らない
			发行	fāxíng （新聞、書類、紙幣などを）発行する
			气喘吁吁	qìchuǎn xūxū はあはあとあえぎながら
避免	bìmiǎn 避ける、逃れる		绑架	bǎngjià 力ずくで連行する
比如	bǐrú たとえば		摇头	yáo tóu 頭を横に振る
补	bǔ 修理する、補う		搬家	bān jiā 引越しする
不必	bùbì ～の必要がない		过关	guò guān 難関を突破する
补充	bǔchōng 補充する、追加する			

訳してみよう（八） 31

小 李 按时 到 老 地方 等 小 王。他们俩
Xiǎo Lǐ ànshí dào lǎo dìfang děng Xiǎo Wáng. Tāmenliǎ

今晚 去 小 李 家 看 奥运会 开幕式。过 了 半
jīnwǎn qù Xiǎo Lǐ jiā kàn Àoyùnhuì kāimùshì. Guò le bàn

个 小时，小 王 才 来。好像 大家 都 急 着 回
ge xiǎoshí, Xiǎo Wáng cái lái. Hǎoxiàng dàjiā dōu jí zhe huí

家 看 奥运会 开幕式，所以 路 上 堵 车 堵 得
jiā kàn Àoyùnhuì kāimùshì, suǒyǐ lù shang dǔ chē dǔ de

厉害。因为 时间 很 紧，他们 叫 了 一 台 出租
lìhai. Yīnwèi shíjiān hěn jǐn, tāmen jiào le yī tái chūzū

汽车。上 车 后，他们 对 司机 说 他们 要 赶
qìchē. Shàng chē hòu, tāmen duì sījī shuō tāmen yào gǎn

回去 看 奥运会 开幕式，让 司机 抄 近道，越 快
huíqu kàn Àoyùnhuì kāimùshì, ràng sījī chāo jìndào, yuè kuài

越 好。
yuè hǎo.

読んでみよう（八） 32

有 一 天，我 正在 上 中级 汉语课。一 个
Yǒu yī tiān, wǒ zhèngzài shàng zhōngjí Hànyǔkè. Yī ge

学生 气喘 吁吁 地 跑 进来，用 汉语 对 我 说：
xuésheng qìchuǎn xūxū de pǎo jinlai, yòng Hànyǔ duì wǒ shuō:

"对不起。我 哥哥 绑架 了，所以 来 晚 了"。"什么？
"Duìbuqǐ. Wǒ gēge bǎngjià le, suǒyǐ lái wǎn le". "Shénme?

你 哥哥 被 绑架 了？"我 吃 惊 地 用 日语 问
Nǐ gēge bèi bǎngjià le?" Wǒ chī jīng de yòng Rìyǔ wèn

他。那个 学生 连忙 摇 了 摇 头，用 日语 说：
tā. Nàge xuésheng liánmáng yáo le yáo tóu, yòng Rìyǔ shuō:
"不 是 '绑架'，是 '搬 家'"。大家 一 听，笑 了
"Bù shì 'bǎngjià', shì 'bān jiā.' Dàjiā yī tīng, xiào le
起来。汉语 里 有 很 多 这样 的 发音 相似 而
qilai. Hànyǔ li yǒu hěn duō zhèyàng de fāyīn xiāngsì ér
意义 完全 不同 的 词，所以 要 学 好 汉语，宁可
yìyì wánquán bùtóng de cí, suǒyǐ yào xué hǎo Hànyǔ, nìngkě
多 花 点儿 时间 也 要 过 发音 这 一 关。
duō huā diǎnr shíjiān yě yào guò fāyīn zhè yī guān.

ポイント

1．取捨関係複文

　取捨関係複文とは前後二つの分文で示された事柄を比較して、その一つを選ぶことを表す文であります。"**与其……不如……**"「……より、……したほうがよい」"**宁可……也不……**"「……しても……しない」という意味を表します。

　　与其 求 别人 帮 忙，不如 自己 想 办法。
　　Yǔqí qiú biéren bāng máng, bùrú zìjǐ xiǎng bànfǎ.
　　　ほかの人に助けを求めるより、自分で何とかする方がいいです。

宁可 自己 受 点儿 委屈，也 不 给 别人 添 麻烦。
Nìngkě zìjǐ shòu diǎnr wěiqu, yě bù gěi biéren tiān máfan.
自分が不当な仕打ちにあって、やりきれない思いをしても他の人には迷惑をかけません。

2．連鎖関係複文

"越A越B" の構文は、AとBがたがいに関連しあい、Bの程度がAの発展につれて増加することを表します。"越……越……"「…であれば、あるほど……だ」という意味を表し、"越来越………" は「ますます……になる」という意味を表します。ほかに "……什么……什么"「……ことは何でも……」という意味を表します。

这 本 书 越 读 越 有 意思。
Zhè běn shū yuè dú yuè yǒu yìsi.
　　　　　　　　　　この本は読めば読むほど面白いです。

外语 课本 的 发行量 越 来 越 大。
Wàiyǔ kèběn de fāxíngliàng yuè lái yuè dà.
　　　　　　外国語のテキストの発行部数はますます増えています。

你 愿意 拿 什么 就 拿 什么。
Nǐ yuànyì ná shénme jiù ná shénme.
　　　　　　　　　　　　好きに取ってください。

Ⅰ．リーディングにチャレンジ

1．次の(1)～(3)について、初めに掲げる単語と声調の組み合わせが同じものを、それぞれについて示してある①～④の中から1つ選びなさい。

(1) **打扮**　①打倒　②打量　③打开　④打赌
(2) **从事**　①不断　②补充　③比如　④不许
(3) **办事**　①按时　②避免　③爱护　④办公

2．次の(1)～(3)について、初めに掲げる中国語の単語の正しいピンイン表記を、それぞれについて示してある①～④の中から1つ選びなさい。

(1) **打量**　①dǎliáng　②dǎliàng　③dǎliang　④dáliang
(2) **约会**　①yuēhuì　②yuēkuài　③yāohuì　④yāokuài
(3) **发行**　①fàxíng　②fāxíng　③fāháng　④fǎxíng

3．次の(1)～(3)の中国語の語句の意味はどれが正しいか。それぞれについて示してある①～④の中から1つ選びなさい。

(1) **打针**
　①タイプライターを打つ　②打ちたたく
　③空気を入れる　　　　　④注射する
(2) **打量**
　①猟をする　　　　　　　②賭けをする
　③じろじろ見る　　　　　④球技をする
(3) **打听**
　①問い合わせる　　　　　②事務をとる
　③話の腰をおる　　　　　④用を足す

4．次の(1)～(3)の日本語の語句の意味はどれが正しいか。それぞれについて示してある①～④の中から1つ選びなさい。

　(1) あいさつする
　　①打招呼　　②打听　　③做戏　　④打扰
　(2) 邪魔する
　　①打架　　②打仗　　③打搅　　④打针
　(3) 掃除する
　　①打开　　②打掉　　③打破　　④打扫

5．次の(1)～(3)の各文の空欄を埋めるのに最も適当なものはどれか、それぞれについて示してある①～④の中から1つ選びなさい。

　(1) 雨越（　　）越大了。
　　①吹　　②看　　③下　　④刮
　(2) 他宁可挨老师批评，（　　）做作业。
　　①也要　　②也不想　　③也想　　④不
　(3) 你想说（　　）就说什么。
　　①谁　　②怎么　　③什么　　④怎么样

6．次の文章を読み、問(1)～(3)の答えとして最も適当なものを、それぞれについて示してある①～④の中から1つ選びなさい。

　　有一天，我正在上中级汉语课。一个学生气喘吁吁地跑进来。用汉语对我说："对不起。我哥哥绑架，所以来晚了"。"什么？你哥哥被绑架了？" 我吃惊地用日语问他。那个学生连忙摇了摇头，用日语说："不是'绑架'，是'搬家'"。大家一听，笑了〔(1)〕。汉语里有很多〔(2)〕的发音相似而意义完全不同的词。所以要学好汉语，〔(3)〕多花点儿时间，也要过发音这一关。

問(1) 空欄(1)を埋めるのに適当な単語は、次のどれか。
　　①过来　　　②上来　　　③下来　　　④起来
問(2) 空欄(2)を埋めるのに適当な単語は、次のどれか。
　　①这样　　　②怎么　　　③这么　　　④那么
問(3) 空欄(3)を埋めるのに適当な単語は、次のどれか。
　　①与其　　　②宁可　　　③如果　　　④既然

Ⅱ．ライティングにチャレンジ

次の(1)～(3)について、正しい文になるように、それぞれについて示してある①～④の語句を並べ替えた時、[　]内に位置するものはどれか。1つ選びなさい。

(1) 你 [　] ＿＿＿ ＿＿＿ ＿＿＿。
　　①怎么做　　②愿意　　③怎么做　　④就

(2) 与其自己一个人烦恼，＿＿＿ ＿＿＿ [　] ＿＿＿。
　　①一下　　②商量　　③和大家　　④不如

(3) 宁可＿＿＿ [　] ＿＿＿ ＿＿＿。
　　①也买　　②多花点儿　　③钱　　④自己喜欢的

Ⅲ．リスニングにチャレンジ 🎧 33

次の中国語の文を聞き、問(1)～(3)に対する答えとして、最も適当なものを、①～④の中から1つ選びなさい。

(1) 小王为什么来晚了？
  ①   ②   ③   ④

(2) 他们今晚有什么安排？
  ①   ②   ③   ④

(3) 小李住在什么地方？
  ①   ②   ③   ④

Ⅳ．スピーキングにチャレンジ

次の(1)～(3)について、それぞれについて示してある①～④の語句を使って、自分で組み合わせて、中国語で話しなさい。

(1) 他和同事们的关系越来越好了。
  ①他的文章写得   ②她的歌唱得
  ③她的琴弹得   ④他的汉语说得

(2) 他一听这件事，就紧张起来。
  ①高兴起来   ②生起气来
  ③笑了起来   ④激动起来

(3) 下班后他去看球赛，所以来晚了。
  ①看电影   ②约会
  ③逛商店   ④听音乐会

第九课 Dì jiǔ kè

在出租汽车上
Zài chūzūqìchē shang

李：刚才 电脑 告诉 我 说 因为 明天 厦门 刮
　　Gāngcái diànnǎo gàosu wǒ shuō yīnwèi míngtiān Xiàmén guā
　　台风，飞机 不 能 起飞 了。我 给 科长 打 了
　　táifēng, fēijī bù néng qǐfēi le. Wǒ gěi kēzhǎng dǎ le
　　个 电话。科长 让 我 休 完 假 再 去。
　　ge diànhuà. Kēzhǎng ràng wǒ xiū wán jià zài qù.

王：真的？ 这 真是 老天 作 美。咱们 可以
　　Zhēnde? Zhè zhēnshi lǎotiān zuò měi. Zánmen kěyǐ
　　痛痛快快 地 玩儿 几 天 了。
　　tòngtòngkuàikuài de wánr jǐ tiān le.

李：你 饿 了 吧。我 已经 通知 电脑 订 几 样 你
　　Nǐ è le ba. Wǒ yǐjing tōngzhī diànnǎo dìng jǐ yàng nǐ
　　喜欢 吃 的 菜。咱们 前脚 进 门，饭店 后脚
　　xǐhuan chī de cài. Zánmen qiánjiǎo jìn mén, fàndiàn hòujiǎo
　　把 菜 送 来。
　　bǎ cài sòng lai.

王：那 你 赶紧 告诉 它 咱们 快 到 家 了。
　　Nà nǐ gǎnjǐn gàosu tā zánmen kuài dào jiā le.

李：对了。我再让它追加一瓶葡萄酒。
　　Duì le. Wǒ zài ràng tā zhuījiā yì píng pútáojiǔ.

王：你看。几天前我就已经预备好了。
　　Nǐ kàn. Jǐ tiān qián wǒ jiù yǐjing yùbèi hǎo le.

李：如果这次中国队金牌数名列前三名
　　Rúguǒ zhè cì Zhōngguóduì jīnpáishù míng liè qián sān míng
　　的话，我请客。
　　dehuà, wǒ qǐng kè.

王：好。一言为定。
　　Hǎo. Yì yán wéi dìng.

厦门	Xiàmén アモイ（福建省にある都市の名）	前脚	qiánjiǎo 前の足
台风	táifēng 台風	后脚	hòujiǎo 後足
起飞	qǐfēi （飛行機が）離陸する	赶紧	gǎnjǐn 大急ぎで
老天作美	lǎotiān zuò měi お天道さまが都合よくしてやる	预备	yùbèi 用意する

関連単語(9)

暴风雨	bàofēngyǔ 嵐	秘密	mìmì 秘密（の）
环境	huánjìng 環境	明确	míngquè 明確である
季节	jìjié 季節	密切	mìqiè 密接である
空气	kōngqì 空気	能干	nénggàn 能力がある
平原	píngyuán 平原	强	qiáng （力が）強い、（能力が）すぐれている
气候	qìhòu 気候		
丘陵	qiūlíng 丘陵	热烈	rèliè 熱烈である
闪电	shǎndiàn 稲妻	日常	rìcháng 日常（の）
湿度	shīdù 湿度	善于	shànyú 得意である
霜	shuāng 霜	实用	shíyòng 実用である
雾	wù 霧	实在	shízài 着実である
资源	zīyuán 資源	熟练	shúliàn 熟練している
自然	zìrán 自然	熟悉	shúxī よく知っている
口福	kǒufú ごちそうにありつく運	随便	suíbiàn 気軽である
妙	miào 絶妙である	特殊	tèshū 特別な

天真	tiānzhēn 無邪気である	细心	xìxīn 細かいところまで気がつく
突出	tūchū 際立っている	迅速	xùnsù 非常に速い
稳定	wěndìng 安定している	严重	yánzhòng 重大である
先进	xiānjìn 進んである	优秀	yōuxiù 優秀である
相反	xiāngfǎn 逆である	暂时	zànshí 一時
相似	xiāngsì 似ている	糟糕	zāogāo しくじる、めちゃくちゃである
相同	xiāngtóng 同じである		
小心	xiǎoxīn 気をつける	真实	zhēnshí 本当である
新鲜	xīnxiān 新鮮である	直接	zhíjiē 直接の
兴奋	xīngfèn 感情がたかぶる、興奮する	周到	zhōudào 行き届いている
		著名	zhùmíng 有名である

中国菜肴的烹饪方法 Zhōngguó càiyáo de pēngrèn fāngfǎ

蒸	zhēng 蒸す	炒	chǎo 炒める、いりつける
烤	kǎo 直火焼き	炮	bāo 強火でさっと炒める
煎	jiān 少量の油で焼き目をつける	烹	pēng

炸	zhá 油で揚げる		油で揚げた材料をさっと煮る 辛味のあんをかける
煮	zhǔ ゆでる、煮る	火锅	huǒguō 鍋料理
拌	bàn あえる	中国菜肴	Zhōngguó càiyáo 中国料理
炖	dùn 長期間煮込む	鲁菜	lǔcài 山東料理
焖	mèn 油で揚げたりした材料を煮込む	川菜	chuāncài 四川料理
烩	huì 煮込みのあんかけ	粤菜	yuècài 広東料理
熘	liū あんかけにする	淮扬菜	huáiyángcài 江蘇・浙江料理
涮	shuàn 薄切りの材料を軽くゆでる（たれをつけて食べる）	糖醋鲤鱼	tángcùlǐyú コイの甘酢あんかけ
		脱骨扒鸡	tuōgǔpájī ニワトリのとろみ煮
煨	wēi とろ火で煮込む	宫保鸡丁	gōngbǎojīdīng 鶏肉のトウガラシ炒め
干烧	gānshāo 揚げた材料をトウガラシ味噌で煮る	麻婆豆腐	mápódòufu マーボドウフ
		片皮乳猪	piànpírǔzhū 子豚の丸焼き
红烧	hóngshāo 砂糖醤油で煮る	金黄脆皮鸡	jīnhuángcuìpíjī 鶏肉の広東風揚げ
拔丝	básī 揚げた材料にあめをからませる	红烧甲鱼	hóngshāojiǎyú スッポンの甘煮
宫保	gōngbǎo 材料を油で揚げて	醋蟹	cùxiè カニの酒漬け

訳してみよう（九） 35

在 车 上 小 李 告诉 小 王 因为 明天
Zài chē shang Xiǎo Lǐ gàosu Xiǎo Wáng yīnwèi míngtiān
厦门 刮 台风，所以 飞机 不 能 起飞 了。科长
Xiàmén guā táifēng, suǒyǐ fēijī bù néng qǐfēi le. Kēzhǎng
让 他 休 完 假 再 去。小 王 听 了 高兴 得 直
ràng tā xiū wán jià zài qù. Xiǎo Wáng tīng le gāoxìng de zhí
拍 手。这 下 他们 可以 愉愉快快 地 渡 假 了。
pāi shǒu. Zhè xià tāmen kěyǐ yúyúkuàikuài de dù jià le.
小 王 拿 出 了 她 买 的 法国 葡萄酒。小 李
Xiǎo Wáng ná chū le tā mǎi de Fǎguó pútáojiǔ. Xiǎo Lǐ
已经 通知 家 里 的 电脑 订 几 样 小 王 爱
yǐjing tōngzhī jiā li de diànnǎo dìng jǐ yàng Xiǎo Wáng ài
吃 的 菜。他们 前脚 进 门，饭店 后脚 就 把 菜
chī de cài. Tāmen qiánjiǎo jìn mén, fàndiàn hòujiǎo jiù bǎ cài
送 上 门。
sòng shàng mén.

読んでみよう（九） 36

中国人 善于 烹饪。烹调 方法 有 蒸、烤、
Zhōngguórén shànyú pēngrèn. Pēngtiáo fāngfǎ yǒu zhēng、kǎo、
煎、炒、炮、烹、炸、煮、拌、炖、焖、烩、熘、涮、
jiān、chǎo、bāo、pēng、zhá、zhǔ、bàn、dùn、mèn、huì、liū、shuàn、
煨、干烧、红烧、拔丝、宫保、火锅 等。以 中国
wēi、gānshāo、hóngshāo、básī、gōngbǎo、huǒguō děng. Yǐ Zhōngguó
的 传统 食品 饺子 为 例，就 有 蒸、煮、煎、炸、
de chuántǒng shípǐn jiǎozi wéi lì, jiù yǒu zhēng、zhǔ、jiān、zhá、

火锅 等 各 种 做法。中国 菜肴 中 比较 有名
huǒguō děng gè zhǒng zuòfǎ. Zhōngguó càiyáo zhōng bǐjiào yǒumíng

的 是 鲁菜、川菜、粤菜、淮扬菜 等。鲁菜 中 的
de shì lǔcài, chuāncài, yuècài, huáiyángcài děng. Lǔcài zhōng de

"糖醋鲤鱼"、"脱骨扒鸡"、川菜 中 的 "宫保鸡丁"、
"tángcùlǐyú"、 "tuōgǔpájī"、 chuāncài zhōng de "gōngbǎojīdīng"、

"麻婆豆腐"、粤菜 中 的 "片皮乳猪"、"金黄脆皮鸡"、
"mápódòufu"、 yuècài zhōng de "piànpírǔzhū"、 "jīnhuángcuìpíjī"、

淮扬菜 中 的 "红烧甲鱼"、"醋蟹" 都 是 深 受
huáiyángcài zhōng de "hóngshāojiǎyú"、 "cùxiè" dōu shì shēn shòu

人们 喜爱 的 传统 菜肴。如果 你 有 机会 去
rénmen xǐ'ài de chuántǒng càiyáo. Rúguǒ nǐ yǒu jīhuì qù

中国 品尝 这些 美味佳肴 的 话, 你 的 口福
Zhōngguó pǐncháng zhèxiē měiwèijiāyáo de huà, nǐ de kǒufú

可 算 不 浅 了。
kě suàn bù qiǎn le.

ポイント

1．仮定関係複文

　仮定関係複文とは前の分句が仮定条件を述べ、後の分句がその仮定から導かれた結論を述べる文型です。その接続詞として"如果…………"「もし……ならば……だ」"要是…………"「もし……なら……」"假如…………"「かりに……とすれば……」などが用いられています。

如果 你 没 空儿, 我 替 你 去。
Rúguǒ nǐ méi kòngr, wǒ tì nǐ qù.

　　　　もしあなたが暇がなければ、私があなたの代わりに行きます。

要是 他 不 同意, 我 就 不 去 了。
Yàoshi tā bù tóngyì, wǒ jiù bù qù le.

　　　　もし彼が同意しなければ、私は行きません。

假如 明天 下 雨 的话, 我们 改天 再 去。
Jiǎrú míngtiān xià yǔ dehuà, wǒmen gǎitiān zài qù.

　　　　もしあす雨が降ったら、私たち日を改めて行きましょう。

2．"以～为"

"以～为"は「～を（もって）～とする」という意味を表します。

他 以 身体 不 舒服 为 理由, 没 来 参加 聚会。
Tā yǐ shēntǐ bù shūfu wéi lǐyóu, méi lái cānjiā jùhuì.

　　　　彼は体調が悪いという理由で、集まりに参加しませんでした。

物 以 稀 为 贵。
Wù yǐ xī wéi guì.

　　　　まれなものほど貴いものです。

他 总是 以 苦 为 乐。
Tā zǒng shì yǐ kǔ wéi lè.

　　　　彼はいつも苦を楽とします。

Ⅰ．リーディングにチャレンジ

1．次の(1)～(3)について、初めに掲げる単語と声調の組み合わせが同じものを、それぞれについて示してある①～④の中から1つ選びなさい。

(1) **日常**　①特殊　②善于　③细心　④迅速
(2) **先进**　①能干　②熟练　③相似　④熟悉
(3) **实用**　①实在　②相反　③周到　④相同

2．次の(1)～(3)について、初めに掲げる中国語の単語の正しいピンイン表記を、それぞれについて示してある①～④の中から1つ選びなさい。

(1) **气候**　①qìhou　②qìhǒu　③qìhóu　④qìhòu
(2) **熟悉**　①shúxì　②shúxī　③shóuxī　④shóuxi
(3) **相似**　①xiāngshì　②xiāngsì　③xiàngsì　④xiàngshì

3．(1)～(3)の中国語の中国語の語句の意味はどれが正しいか。それぞれについて示してある①～④の中から1つ選びなさい。

(1) **煮**
　　①炒める　　　　　　　　②油で揚げる
　　③ゆでる　　　　　　　　④煮込みのあんかけ
(2) **烤**
　　①油で揚げたりした材料を煮込む　②あえる
　　③とろ火で煮込む　　　　　　　　④直火焼き
(3) **粤菜**
　　①広東料理　　　　　　　②四川料理
　　③山東料理　　　　　　　④江蘇料理

107

4．次の(1)～(3)の日本語の語句の意味はどれが正しいか。それぞれについて示してある①～④の中から1つ選びなさい。
　　(1) **砂糖醤油で煮る**
　　　　①红烧　　　②干烧　　　③拔丝　　　④火锅
　　(2) **コイの甘酢あんかけ**
　　　　①醋蟹　　　②糖醋鲤鱼　③宫保鸡丁　④红烧甲鱼
　　(3) **めちゃくちゃである**
　　　　①周到　　　②相似　　　③糟糕　　　④优秀

5．次の(1)～(3)の各文の空欄を埋めるのに最も適当なものはどれか、それぞれについて示してある①～④の中から1つ選びなさい。
　　(1) （　　）再便宜点儿，我就买。
　　　　①即使　　　②无论　　　③要是　　　④只有
　　(2) 今年秋天（　　）咖啡色为流行色。
　　　　①用　　　　②把　　　　③只　　　　④以
　　(3) 假如是我（　　），我就去。
　　　　①的话　　　②知道　　　③认识　　　④有空儿

6．次の文章を読み、問(1)～(3)の答えとして最も適当なものを、それぞれについて示してある①～④の中から1つ選びなさい。

　　　中国人善于烹饪〔(1)〕。烹调方法有蒸、烤、煎、炒、炮、烹、炸、煮、拌、焖、烩、熘、涮、煨、干烧、红烧、拔丝、宫保、火锅等。〔(2)〕中国的传统食品饺子为例，就有蒸、煮、煎、炸、火锅等各种做法。中国菜肴中比较有名的是鲁菜、川菜、粤菜、淮扬菜等。鲁菜中的"糖醋鲤鱼"、"脱骨扒鸡"、川菜中的"宫保鸡丁"、"麻婆豆腐"，粤菜中的"片皮乳猪"、"金黄脆皮鸡"，淮扬菜中的"红烧甲鱼"、"醋蟹"都是深受人们喜爱的传统菜肴。ruóguǒ〔(3)〕你有机会

去中国品尝这些美味佳肴的话，你的口福可算不浅了。

問(1) (1)の日本語訳として正しいものは、次のどれか。
①中国人は食べるのが好きです。
②中国人は料理を作るのが上手です。
③中国人は料理を作るのが好きです。
④中国人が作った料理はうまいです。

問(2) 空欄(2)を埋めるのに適当な単語は、次のどれか。
①就　　　　②可　　　　③才　　　　④以

問(3) ピンイン文字で表記されている単語(3)の正しい意味は次のどれか。ピンイン文字で表記されている単語(3)の正しい漢字表記は、次のどれか。
①如果　　　②开始　　　③虽然　　　④与其

Ⅱ．ライティングにチャレンジ

次の(1)～(3)について、正しい文になるように、それぞれについて示してある①～④の語句を並べ替えた時、[ ]内に位置するものはどれか。1つ選びなさい。

(1) 假如＿＿＿＿[ ]＿＿＿＿＿＿＿＿。
①晩点的话　②火车　　　③告诉你　　④打电话

(2) 你 [ ] ＿＿＿＿＿＿＿＿＿＿＿＿。
①不相信　　②要是　　　③亲自　　　④去看看

(3) 如果 [ ] ＿＿＿＿＿＿＿＿＿＿＿。
①没什么　　②告辞了　　③事　　　　④我先

109

Ⅲ．リスニングにチャレンジ 37

次の中国語の文を聞き、問(1)〜(3)に対する答えとして、最も適当なものを、①〜④の中から1つ選びなさい。

(1) 飞机不能起飞的原因是什么？
　　①　　　　②　　　　③　　　　④

(2) 科长让小李什么时候出差？
　　①　　　　②　　　　③　　　　④

(3) 小李订了什么菜？
　　①　　　　②　　　　③　　　　④

Ⅳ．スピーキングにチャレンジ

次の(1)〜(3)について、それぞれについて示してある①〜④の語句を使って、自分で組み合わせて、中国語で話しなさい。

(1) 要是有人找我，<u>你让他等我一会儿</u>。
　　①你告诉他我在一楼开会　②你让他下午再来
　　③你给我打电话　　　　　④你替我接待一下

(2) 假如买不到飞机票的话，<u>我想坐船去</u>。
　　①这个式样的话，可以买别的式样
　　②这个颜色的话，可以买咖啡色的
　　③今天的票的话，可以买明天的
　　④我要的那种衬衫的话，你就看着买吧

(3) Q：你喜欢吃<u>川菜</u>吗？
　　A：喜欢。我特别喜欢吃<u>麻婆豆腐</u>。
　　①粤菜　　　片皮乳猪　　②鲁菜　　糖醋鲤鱼
　　③淮扬菜　　醋蟹　　　　④火锅　　涮羊肉

110

第十课 Dì shí kè

收看奥运会实况转播
Shōukàn Àoyùnhuì shíkuàng zhuǎnbō

李：你 看。这 房间 里 的 灯光、温度 都 是 根据
　　Nǐ kàn. Zhè fángjiān li de dēngguāng、wēndù dōu shì gēnjù

　　你 的 习惯 设计 的。
　　nǐ de xíguàn shèjì de.

王：你 听。门铃 响 了。准 是 饭店 送 菜 来 了。
　　Nǐ tīng. Ménlíng xiǎng le. Zhǔn shì fàndiàn sòng cài lai le.

李：把 菜 摆 上。咱们 边 吃 边 看。
　　Bǎ cài bǎi shàng. Zánmen biān chī biān kàn.

王：哎呀。这么 多 好吃 的 菜 啊。
　　Āiyā. Zhème duō hǎochī de cài a.

李：来。咱们 现在 举 杯 预祝 中国队 取得 好
　　Lái. Zánmen xiànzài jǔ bēi yùzhù Zhōngguóduì qǔdé hǎo

　　成绩。
　　chéngjì.

王：祝 中国队 马 到 成功。
　　Zhù Zhōngguóduì mǎ dào chénggōng.

李：祝 咱们俩 马上 结 婚。
　　Zhù zánmenliǎ mǎshàng jié hūn.

111

王：你 真 贫嘴。快 看。开幕式 开始 了。
　　Nǐ zhēn pínzuǐ. Kuài kàn. Kāimùshì kāishǐ le.

收看	shōukàn		必ず
	最初の戦いに勝つ	边～边	biān~biān
灯光	dēngguāng		～しながら
	（照明器の）明るさ	队	duì
温度	wēndù		チーム
	温度	马到成功	mǎ dào chénggōng
根据	gēnjù		着手すればたちどこ
	～に基づいて、根拠		ろに成功する喩え
设计	shèjì	贫嘴	pínzuǐ
	設計（する）		口数が多くていやら
准	zhǔn		しい

関連単語(10)

不由得	bùyóude 思わず、覚えず	杜甫	Dù Fǔ 中国の唐代の有名な詩人
拆	chāi （合わさっているものを）離す、開ける、ばらばらにする、取り壊す	娥娜多姿	é'nuó duō zī しなやかで美しい
		浮云	fúyún 浮き雲
尝	cháng 味わう、味見する、体験する	感动	gǎndòng 感動する、感動させる
处理	chǔlǐ 処理する、処置する、処分販売する	感激	gǎnjī （人の好意に）心を強く動かされる、感謝する
从事	cóngshì 従事する	感伤	gǎnshāng ものに感じ悲しくなる、感傷的である
存	cún 保存する、蓄える、貯蓄する、預ける		
白色	báisè 白い色	感兴趣	gǎn xìngqù 興味を感じる
称赞	chēngzàn 称賛（する）	供给	gōngjǐ （生活必需品を）供給する
当～时候	dāng～shíhou ［組］～する時	红叶	hóngyè 紅葉、もみじ
对比	duìbǐ 対比（する）、比較（する）	花朵	huāduǒ 花（の総称）
对待	duìdài （事に）対処する、対応する、扱う	激动	jīdòng （感情が）高ぶる、興奮する、感動させる

語	ピンイン	意味
季节	jìjié	季節
菊花	júhuā	菊の花
恋恋不舍	liàn liàn bù shě	恋恋としたさま、思い切れないさま
露水	lùshui	つゆ
漫山	mànshān	山の至るところ
每当	měidāng	〜するときはいつも
每到	měi dào	〜になるたびことに
魅力	mèilì	魅力
怒放	nùfàng	（花が勢いよく）満開になる
浅粉色	qiǎnfěnsè	薄ピンク色
轻风	qīng fēng	そよ風
飘然	piāorán	飄然として、ふわりふわりと
洒邀那拉	sǎyāonàlā	「さようなら」の中国語の発音
山坡	shānpō	山の斜面
赏花	shǎng huā	花見をする
盛开	shèngkāi	満開である
生命	shēngmìng	生命
时节	shíjié	季節
诗句	shījù	詩の句
树枝	shùzhī	木の枝
水库	shuǐkù	ダム
思考	sīkǎo	考える
桃红色	táohóngsè	桃色
提到	tí dào	話が〜触れる
潇洒	xiāosǎ	（立ちふるまいが）おおようである、あか抜けしている
谢	xiè	（花が）しぼむ
樱花	yīnghuā	桜
吟味	yínwèi	吟味する

欲	yù 〜しようとする		江は碧にして鳥は いよいよ白く
乍	zhà 〜（した）ばかり	山青花欲然 shān qīng huā yù rán	
至	zhì 着く、至る		山青くして花はも えんと欲す
之余	zhī yú 〜の後	今春看又过 jīn chūn kàn yòu guò	
转瞬即逝	zhuǎn shùn jí shì またたく間に過ぎ去る		今の春も目の当り に又過ぐ
江碧鸟愈白 jiāng bì niǎo yù bái		何日是归年　hé rì shì guī nián	何の日か是れ帰る 年ぞ

訳してみよう（十） 39

"奥运会"是"奥林匹克 运动会"的 简称。奥林匹克
"Àoyùnhuì" shì "Àolínpǐkè yùndònghuì" de jiǎnchēng. Àolínpǐkè

运动会　导源 于 自 公元 前 776 年 起 每 隔
yùndònghuì dǎoyuán yú zì gōngyuán qián 776 nián qǐ měi gé

四 年 在 希腊 境 内 的 奥林匹亚 举行 的 古代
sì nián zài Xīlà jìng nèi de Àolínpǐyà jǔxíng de gǔdài

希腊 的 竞技会。当时 的 比赛 项目 有 赛跑、掷
Xīlà de jìngjìhuì. Dāngshí de bǐsài xiàngmù yǒu sàipǎo, zhì

铁饼、赛马、角力 等。后来 又 增加 了 戏剧、诗歌、
tiěbǐng、sàimǎ、juélì děng. Hòulái yòu zēngjiā le xìjù、shīgē、

音乐 等 表演。现在 奥运会 的 比赛 项目 多
yīnyuè děng biǎoyǎn. Xiànzài Àoyùnhuì de bǐsài xiàngmù duō

达 三十一 种。由于 互相 了解、友谊、团结 和
dá　sānshiyī zhǒng. Yóuyú hùxiāng liǎojiě、yǒuyì、tuánjié hé

公平　　竞争　　的　奥林匹克　精神　深 得 人心，
gōngpíng jìngzhēng de　Àolínpǐkè　jīngshén shēn dé rénxīn,

所以 奥运会 得 到 了 全 世界 的 重视。
suǒyǐ Àoyùnhuì dé dào le quán shìjiè de zhòngshì.

読んでみよう（十）40

有　人　说　日本　最　美　的　季节　是　菊花　怒放、
Yǒu rén shuō Rìběn zuì měi de jìjié shì júhuā nùfàng、

漫山　红叶　的　十月。然而，我　觉得　樱花　盛开
mànshān hóngyè de shíyuè. Rán'ér, wǒ juéde yīnghuā shèngkāi

的 四月 才 是 日本 最 富有　魅力 的 季节。在
de sìyuè cái shì Rìběn zuì fùyǒu mèilì de jìjié. Zài

日本　一　提 到　花，人们　首先　想　到　的 是 樱花。
Rìběn yī tí dào huā, rénmen shǒuxiān xiǎng dào de shì yīnghuā.

我　最初　看　到　樱花　是　在　中国　大连　郊区　的
Wǒ zuìchū kàn dào yīnghuā shì zài Zhōngguó Dàlián jiāoqū de

一 个 水库 的 山坡 上。那里 种 着 许多 樱花树。
yī ge shuǐkù de shānpō shang. Nàli zhòng zhe xǔduō yīnghuāshù.

每 到 开 花 季节，树枝 上 挂 满 了 白色、浅粉色、
Měi dào kāi huā jìjié, shùzhī shang guà mǎn le báisè、qiǎnfěnsè、

桃红色　等　各　种　不同　颜色　的　花朵。每年 一
táohóngsè děng gè zhǒng bùtóng yánsè de huāduǒ. Měinián yī

116

到樱花时节,我就去那儿赏花。每当我
dào yīnghuā shíjié, wǒ jiù qù nàr shǎng huā. Měidāng wǒ
站在樱花树下,心中就有一种说不出
zhàn zài yīnghuā shù xià, xīn zhōng jiù yǒu yī zhǒng shuōbuchū
的激动。她娥娜多姿而转瞬即逝。似浮云
de jīdòng. Tā é'nuó duō zī ér zhuǎn shùn jí shì. Sì fúyún
飘然而至,又同轻风潇洒而去。令人在
piāorán ér zhì, yòu tóng qīng fēng xiāosǎ ér qù. Lìng rén zài
感伤其露水般短暂的生命之余,对自己
gǎnshāng qí lùshuǐbān duǎnzàn de shēngmìng zhī yú, duì zìjǐ
的人生加以思考。来日本以后,一到樱花
de rénshēng jiāyǐ sīkǎo. Lái Rìběn yǐhòu, yī dào yīnghuā
季节,我总是一个人独自站到樱花树下,
jìjié, wǒ zǒng shì yī ge rén dúzì zhàn dào yīnghuāshù xià,
默默地望着乍开欲谢而对自己辉煌的
mòmò de wàng zhe zhà kāi yù xiè ér duì zìjǐ huīhuáng de
生命恋恋不舍的樱花,一边吟味着杜
shēngmìng liàn liàn bù shě de yīnghuā, yībiān yínwèi zhe Dù
甫的"江碧鸟愈白,山青花欲然。今春
Fǔ de "Jiāng bì niǎo yù bái, shān qīng huā yù rán. Jīn chūn
看又过,何日是归年"的诗句,一边向
kàn yòu guò, hé rì shì guī nián" de shījù, yībiān xiàng
樱花道声:"洒邀那拉"。
yīnghuā dào shēng: "sǎyāonàlā".

ポイント

1．並列関係複文

　並列関係複文とはいくつかの動作、状態、情況の並列を表す文型です。その接続詞として、"边……边……"「……しながら……する」"既……也（又）……"「……でもあり、……でもある」"又……又……"「……（でもあり）また……（でもある）」などが用いられています。

　　他 总 是 边 吃 边 看 电视。
　　Tā zǒng shì biān chī biān kàn diànshì.
　　　　　　彼はいつもご飯を食べながらテレビを見ます。

　　她 既 懂 英语, 又 懂 法语。
　　Tā jì dǒng Yīngyǔ, yòu dǒng Fáyǔ.
　　　　　　彼女は英語もわかればフランス語もわかります。

　　这个 又 便宜 又 好。
　　Zhège yòu piányi yòu hǎo.
　　　　　　　　　　これは安くて品もいいです。

2．緊縮文

　緊縮文とは単文の形式によりながら、仮定・条件・継起・累加などの関係を内包する文型であります。複文に相当する固定文型を、複文が圧縮してできたものであるという意味で緊縮文といい、複文の多用による冗長な表現を防ぎ、簡潔で洗練された中国語の文を構成するのに大きな役割を果たしています。

你 不 同意 也 没有 办法。
Nǐ bù tóngyì yě méiyǒu bànfǎ.
　　　　　　　あなたが納得しなくても仕方がありません。

一 想 起 那 件 事，他 就 生气。
Yī xiǎng qǐ nà jiàn shì, tā jiù shēngqì.
　　　　　　　彼はあの事を思い出すと怒ります。

不 说 不 笑 不 热闹。
Bù shuō bù xiào bù rènao.
　　　　　　　談笑しなければ、楽しくありません。

Ⅰ．リーディングにチャレンジ

1．次の(1)～(3)について、初めに掲げる単語と声調の組み合わせが同じものを、それぞれについて示してある①～④の中から1つ選びなさい。

(1) **设计**　①热闹　②加油　③兴趣　④提到
(2) **魅力**　①异国　②电视　③水库　④山坡
(3) **称赞**　①野游　②马上　③温度　④习惯

2．次の(1)～(3)について、初めに掲げる中国語の単語の正しいピンイン表記を、それぞれについて示してある①～④の中から1つ選びなさい。

(1) **露水**　①lòushuǐ　②lùshui　③lòushui　④lùshuǐ
(2) **答应**　①dāying　②dáying　③dāyìng　④dáyìng
(3) **供给**　①gōnggěi　②gònggěi　③gōngjǐ　④gòngjǐ

3．次の(1)～(3)の中国語の文の解釈として最も適当なものを、それぞれについて示してある①～④の中から1つ選びなさい。

(1) **根据**
　　①必ず　　　　　　　②～しながら
　　③～に基づいて　　　④すぐ
(2) **贫嘴**
　　①笑う　　　　　　　②口数が多くていやらしい
　　③ほめる　　　　　　④おいしい
(3) **从事**
　　①処置する　　　　　②ばらばらにする
　　③体験する　　　　　④従事する

4．次の(1)～(3)の日本語の語句の意味はどれが正しいか。それぞれについて示してある①～④の中から1つ選びなさい。

(1) **感謝する**
①感激　　　②感兴趣　　　③感动　　　④激动

(2) **～するときはいつも**
①当～时候　②每当　　　　③每到　　　④时节

(3) **行き届いている**
①兴奋　　　②迅速　　　　③周到　　　④突出

5．次の(1)～(3)の各文の空欄を埋めるのに最も適当なものはどれか、それぞれについて示してある①～④の中から1つ選びなさい。

(1) 坐飞机去，（　　）快又方便。
①又　　　　②真　　　　　③多　　　　④可以

(2) 他既会开车，（　　）会修车。
①边　　　　②就　　　　　③又　　　　④更

(3) 他们（　　）说边笑地走过来。
①又　　　　②一　　　　　③就　　　　④边

6．次の文章を読み、問(1)～(3)の答えとして最も適当なものを、それぞれについて示してある①～④の中から1つ選びなさい。

　　有人说日本最美的季节是菊花怒放、漫山红叶的十月。然而，<u>我觉得樱花盛开的四月才是日本最富有魅力的季节</u>〔(1)〕。在日本一提到花，人们首先想到的是樱花。我最初看到樱花是在中国大连郊区的一个水库的山坡上。那里种着许多樱花树。每到开花季节，树枝上挂满了白色、浅粉色、桃红色等各种不同颜色的花

朵。每年一到樱花时节，我就去那儿赏花。每当我站在樱花树下，心中就有一种说不出的激动。她娥娜多姿而转瞬即逝。似浮云飘然而至，又同轻风萧洒而去。令人在感伤其露水般短暂的生命之余，对自己的人生加以思考。来日本以后，一到樱花季节我总是一个人独自站到樱花树下，默默地望着乍开欲谢而对自己辉煌的生命恋恋不舍的樱花，〔(2)〕吟味着杜甫的"江碧鸟愈白，山青花欲然。今春看又过，何日是归年"的诗句，〔(3)〕向樱花道声："洒邀那拉"。

問(1) (1)の日本語訳として正しいものは、次のどれか。
　①私は桜の花が満開する四月こそ日本の一番魅力的な季節だと思う。
　②私は日本の一番魅力的な季節は桜の花が満開する四月だと思う。
　③私は桜の花が満開する日本の四月にとても魅力を感じる。
　④私は桜の花が満開する四月も日本の一番魅力的な季節だと思う。

問(2) 空欄(2)を埋めるのに適当な単語は、次のどれか。
　①又　　　②正　　　③在　　　④边

問(3) 空欄(3)を埋めるのに適当な単語は、次のどれか。
　①边　　　②还　　　③再　　　④更

Ⅱ．ライティングにチャレンジ

次の(1)～(3)について、正しい文になるように、それぞれについて示してある①～④の語句を並べ替えたとき、[　]内に位置するものを選びなさい。

(1) 晚上全家人 [　] ＿＿＿ ＿＿＿ ＿＿＿。
　　①边　　　②边吃饭　　③总是　　④聊天
(2) 她边散步，＿＿＿ [　] ＿＿＿ ＿＿＿。
　　①边　　　②外语　　　③听着　　④磁带
(3) 他买的衣服，又＿＿＿ ＿＿＿ [　] ＿＿＿。
　　①又大　　②穿不了　　③我　　　④肥

Ⅲ．リスニングにチャレンジ 41

次の中国語の文を聞き、問(1)～(3)に対する答えとして、最も適当なものを、①～④の中から１つ選びなさい。

(1) 小李和小王在哪儿看奥运会开幕式？
　　①　　　②　　　③　　　④
(2) 房间里的灯光、温度是根据谁的习惯设计的？
　　①　　　②　　　③　　　④
(3) 他们什么时候吃晚饭？是不是到外面吃？
　　①　　　②　　　③　　　④

Ⅳ. スピーキングにチャレンジ

次の(1)～(3)について、それぞれについて示してある①～④の語句を使って、自分で組み合わせて、中国語で話しなさい。

(1) 咱们边走边谈吧。
　　①边听录音边学发音吧　　②边喝茶边聊吧
　　③边看说明书边安装吧　　④边听音乐边做作业吧

(2) 这个苹果又红又大。
　　①人能抽烟又能喝酒　　②孩子又聪明又可爱
　　③工作又脏又累　　　　④商店的东西又好又便宜

(3) 祝您在新的一年里万事如意。
　　①你假期快乐　　　　②您健康长寿
　　③您今后工作顺利　　④你成功

ミニ辞書　漢語乙級詞彙　（2018語）

A

- 阿　ā　[頭]
  （幼名或いは長幼の序列）〜さん
- 哎　āi　[感嘆詞]
  驚きや不満を表す、呼びかけや注意を表す
- 挨　āi　[動]
  順を追う、近寄る
- 爱好　àihào　[動]
  好む、趣味とする　[名]　趣味
- 爱护　àihù　[動]
  大切にする、保護する
- 爱情　àiqíng　[名]
  愛情
- 哎呀　āiyā　[感嘆詞]
  驚きを表す、不満や面倒なことを表す
- 阿拉伯语　Ālābóyǔ　[名]
  アラビア語
- 岸　àn　[名]
  岸
- 暗　àn　[形]
  暗い
- 按　àn　[動]
  手や指で押す、抑える
  [前]　〜に基づき
- 安全　ānquán　[形]
  安全である
  [名]　安全
- 安慰　ānwèi　[動]
  慰める
  [名]　慰め
- 安心　ān xīn
  気持ちが落ち着く、気持ちを落ち着ける
- 阿姨　āyí　[名]
  （血縁関係のない）おばさん、おねえさん、保母
- 按时　ànshí　[副]
  時間どおりに
- 按照　ànzhào　[前]
  〜によって、〜のとおりに

B

- 拔　bá　[動]
  抜く、抜き取る、選抜する、超える
- 白　bái　[副]
  むだに
- 败　bài　[動]
  負ける、敗れる
- 白菜　báicài　[名]
  白菜
- 白天　báitiān　[名]
  昼、昼間、日中
- 板　bǎn　[名]
  板、板状の物
- 半导体　bàndǎotǐ　[名]
  半導体、トランジスタ
- 帮　bāng　[動]
  助ける、手伝う

125

☐帮忙　bāng máng
　手伝う、助ける
☐办公　bàn gōng
　事務をとる、執務する
☐傍晚　bàngwǎn　[名]
　夕暮れ、夕方
☐榜样　bǎngyàng　[名]
　手本、模範
☐半拉　bànlā
　半分
☐办事　bàn shì
　仕事をする、用を足す
☐半夜　bànyè　[名]
　一夜の半分、夜中、真夜中
☐班长　bānzhǎng　[名]
　班長
☐包　bāo　[動]
　（紙や布などで）包む、くるむ、含む、引き受ける、請け合う、借り切る、チャーターする
☐包　bāo　[名]
　包み、入れ物、袋、こぶ、パオ
　[量] 包まれたものを数える
☐薄　báo　[形]
　薄い、（人情が）薄い、冷淡である、（味が）淡白である、痩せている
☐保　bǎo　[動]
　守る、保護する、保つ、請け合う、保証する
☐保持　bǎochí　[動]
　保持する、持ち続ける
☐保存　bǎocún　[動]
　保存する、維持する
☐报到　bào dào
　到着を報告する
☐报道／报导　bàodào／bàodǎo　[動]
　報道する
　[名] 報道、ルポ、ニュース原稿
☐报告　bàogào　[名]
　報告書
　[動] 報告する、伝える
☐宝贵　bǎoguì　[形]
　珍しく希少価値がある
☐保护　bǎohù　[動]
　保護する、大切にして守る
　[名] 保護
☐包括　bāokuò　[動]
　含む
☐保留　bǎoliú　[動]
　（原形を）保つ、留める、不賛成・異議がある、残しておく
☐报名　bào míng
　応募する、申し込む
☐抱歉　bàoqiàn　[形]
　申し訳なく思う、恐縮に思う
☐保卫　bǎowèi　[動]
　防衛する、守る
☐保证　bǎozhèng　[動]
　保証する、請け合う
　[名] 保証
☐报纸　bàozhǐ　[名]
　新聞、新聞紙
☐包子　bāozi　[名]
　（中に餡が入った）中華まんじゅう
☐背　bēi　[動]
　背負う、身に引き受ける、負担する、責任を負う
☐碑　bēi　[名]

碑、石碑
- 背　bèi　[名]
背、背中、(物の)背面、裏
- 北部　běibù　[名]
北部、北よりの部分
- 北方　běifāng　[名]
北方、中国では黄河以北の地域を指す
- 背后　bèihòu　[名]
背後、後ろ
- 北面　běimiàn　[名]
北、北側
- 悲痛　bēitòng　[形]
悲しみ心が痛む
- 被子　bèizi　[名]
掛け布団
- 本　běn　[副]
もともと
- 本　běn　[代]
自分の側の
- 笨　bèn　[形]
愚かである、ばかである、不器用である、下手である、力のいる、扱いにくい
- 本来　běnlái　[形]
本来の、もとの、本来、もともと、当然である、当たり前に
- 本领　běnlǐng　[名]
才能、能力、腕前
- 本事　běnshì　[名]
才能、能力
- 本质　běnzhì　[名]
本質
- 逼　bī　[動]

強制する、強いる、無理やり取り立てる、迫る、近づく
- 闭　bì　[動]
閉める、閉じる、詰まる、ふさがる、終わる、停止する
- 避　bì　[動]
よける、避ける、防ぐ、防止する
- 编　biān　[動]
編む、(一定の順序に)配列する、編成する、編集する、(歌詞脚本などを)創作する、でっち上げる、捏造する
- 扁　biǎn　[形]
扁平である、つぶれている
- 便　biàn　[副]
すでに、もう　[接]たとえ〜しても
- 遍　biàn　[形]
あまねく、一面に
- 边〜边　biān~biān
しながら〜する
- 便条　biàntiáo　[名]
書き付け
- 表达　biǎodá　[動]
(考えや感情を)表現する、伝える
- 标点　biāodiǎn　[名]
句讀点
- 表面　biǎomiàn　[名]
(物の)表面、物事の本質でない部分、うわべ
- 表明　biǎomíng　[動]
はっきりと表す
- 标准　biāozhǔn　[名]
基準、標準、レベル
[形]　標準的である

☐笔记　bǐjì　[名]
　メモ、筆記
☐比例　bǐlì　[名]
　比例、割合
☐避免　bìmiǎn　[動]
　避ける、防止する
☐冰　bīng　[名]
　氷
☐兵　bīng　[名]
　兵士、軍隊、軍事に関する理論
☐并　bìng　[副]
　べつに
　[接]　その上、そして
☐并　bìng　[動]
　並ぶ、並べる、併せる、一緒にする
☐病房　bìngfáng　[名]
　病室、病棟
☐饼干　bǐnggān　[名]
　ビスケット
☐病菌　bìngjūn　[名]
　病原菌
☐并且　bìngqiě　[接]
　かつ、また、その上、しかも
☐病人　bìngrén　[名]
　患者
☐宾馆　bīnguǎn　[名]
　ホテル
☐必然　bìrán　[形]
　必然である
☐比如　bǐrú　[接]
　たとえば
☐必要　bìyào　[形]
　必要である
☐毕业　bì yè
　卒業する
☐鼻子　bízi　[名]
　鼻
☐伯父　bófù　[名]
　伯父
☐玻璃　bōli　[名]
　ガラス
☐伯母　bómǔ　[名]
　伯母
☐脖子　bózi　[名]
　首
☐捕　bǔ　[動]
　捕らえる
☐补　bǔ　[動]
　補う、修理する
☐步　bù　[名]
　歩み
☐部　bù　[名]
　部分
　[量]　書籍、映画のフイルムなどを数える
☐不必　bùbì　[副]
　～の必要がない
☐补充　bǔchōng　[動]
　補充する、追加する
☐不大　bùdà　[副]
　あまり～ない
☐不得不　bù dé bù
　～せざるを得ない
☐不得了　bùdéliǎo　[形]
　一大事である、大変だ、（動詞や形容詞の後に用いて）～でたまらない
☐不断　bùduàn　[副]
　絶えず、絶え間なく

☐部队　bùduì　[名]
部隊
☐不敢当　bù gǎndāng
（賛辞などに対する返答）恐れ入ります、どういたしまして
☐不过　bùguò　[接]
ただし
☐不管　bùguǎn　[接]
〜であろうと、〜にせよ
☐不好意思　bù hǎoyìsi
恥ずかしい、決まりが悪い、気がひける、むげに〜できない、〜しにくい
☐不仅　bùjǐn　[接]
〜ばかりでなく
☐补课　bǔ kè
補講する、不十分な仕事をやり直す
☐不论　bùlùn　[接]
たとえ（だれ、なに、どんな）であろうとも
☐部门　bùmén　[名]
部門
☐不平　bùpíng　[形]
（不正に対し）憤る、不満を抱く[名]不満
☐不然　bùrán　[接]
そうでなければ、さもなければ
☐不少　bùshǎo　[形]
少なくない
☐不是〜吗　bù shì~ma
〜ではないか
☐补习　bǔxí　[動]
（知識を補うため）余暇や課外に勉強する、補習する

☐不幸　bùxìng　[形]
不幸である
☐不行　bùxíng　[形]
いけない、許されない、役に立たない、だめだ、よくない
☐不许　bùxǔ
許さない、〜してはいけない
☐不要紧　bù yàojǐn
差し支えない、かまわない
☐不一定　bù yīdìng
〜とは限らない
☐部长　bùzhǎng　[名]
大臣、長官
☐布置　bùzhì　[動]
装飾する、しつらえる
☐不住　bùzhù　[副]
しきりに、絶えず

C

☐猜　cāi　[動]
（手がかりや想像から正しい答えを）探り当てる
☐采　cǎi　[動]
（花、葉、実などを）摘む、鉱物を採掘する、集める、採取する
☐踩　cǎi　[動]
踏む、踏みつける
☐采购　cǎigòu　[動]
選んで購入する
☐材料　cáiliào　[名]
製品を作る材料、著作の資料、（ある事を行う）器量
☐采取　cǎiqǔ　[動]

129

（方針、手段、態度などを）とる
- 彩色　cǎisè　［名］
  色々な色、カラー
- 采用　cǎiyòng　［動］
  採用する、用いる
- 藏　cáng　［動］
  隠れる、隠す、貯蔵する、しまっておく
- 餐厅　cāntīng　［名］
  食堂、レストラン
- 草地　cǎodì　［名］
  芝生
- 草原　cǎoyuán　［名］
  草原
- 册　cè　［量］
  （書類や本、雑誌などの）冊数を数える
- 曾　céng　［副］
  かつて、以前
- 曾经　céngjīng　［副］
  かつて、以前、これまで
- 厕所　cèsuǒ　［名］
  トイレ
- 测验　cèyàn　［動］
  検査する
  ［名］テスト、試験
- 插　chā　［動］
  （物を）挿す、差し込む、差し挟む
- 差　chà　［形］
  隔たりがある、間違う、足りない
- 差不多　chàbuduō　［形］
  （程度や時間、距離などが）あまり違わない、ほとんど同じである
- 差点儿　chàdiǎnr　［副］

もう少しで、あやうく
- 拆　chāi　［動］
  （合わさっているものを）離す、開ける、ばらばらにする、取り壊す
- 尝　cháng　［動］
  味わう、味見する、体験する
- 长期　chángqī　［名］
  長期
- 长途　chángtú　［名］
  長距離
- 产量　chǎnliàng　［名］
  生産量
- 产品　chǎnpǐn　［名］
  産品、製品
- 产生　chǎnshēng　［動］
  発生する、生じる、出現する
- 抄　chāo　［動］
  書き写す、他人の文章を写し自分の作とする、捜査する、近道をする
- 超　chāo　［動］
  超える、（～の範囲を）超える、制限を受けない
- 吵　chǎo　［動］
  騒がしくする、言い争う
- 超过　chāoguò　［動］
  追い越す、上回る
- 抄写　chāoxiě　［動］
  書き写す、写しとる
- 叉子　chāzi　［名］
  フォーク
- 彻底　chèdǐ　［形］
  徹底的である、徹底している
- 车间　chējiān　［名］
  工場の生産場、作業場

- □趁　chèn　［前］
　　～を利用して、～に乗じて
- □称　chēng　［動］
　　～と呼ぶ、～と称する
- □乘　chéng　［動］
　　乗る、～に乗じる、～を利用する
- □程度　chéngdù　［名］
　　レベル、程度
- □成分　chéngfèn　［名］
　　成分、要素
- □成功　chénggōng　［動］
　　成功する
　　［形］みごとである
- □成果　chéngguǒ　［名］
　　成果
- □成就　chéngjiù　［名］
　　業績
- □诚恳　chéngkěn　［形］
　　心がこもっている
- □成立　chénglì　［動］
　　（組織や機関を）設立する、作る
- □承认　chéngrèn　［動］
　　認める、同意する、許可する
- □诚实　chéngshí　［形］
　　誠実である
- □成熟　chéngshú　［動］
　　（植物の実などが）成熟する、完全な域にまで達する
　　［形］成熟している
- □成为　chéngwéi　［動］
　　～になる
- □称赞　chēngzàn　［動］
　　称賛する
- □成长　chéngzhǎng　［動］
　　成長する
- □沉默　chénmò　［動］
　　口数が少ない、沈黙している
- □衬衫　chènshān　［名］
　　シャツ
- □衬衣　chènyī　［名］
　　下着、肌着
- □尺　chǐ　［名］
　　物差し、長さを測る器具
　　［量］長さの単位
- □翅膀　chìbǎng　［名］
　　羽
- □吃惊　chī jīng
　　驚く
- □重　chóng　［副］
　　もう1度、再び
- □冲　chòng　［動］
　　向く、向いている、～に向かって
- □重叠　chóngdié　［動］
　　重なる
- □充分　chōngfèn　［形］
　　十分である、余すところなく、極力
- □重复　chóngfù　［動］
　　重複する、繰り返す
- □崇高　chónggāo　［形］
　　崇高である
- □充满　chōngmǎn　［動］
　　充満する、満ちる、みなぎる、満たす
- □重新　chóngxīn　［副］
　　もう1度、再度、新たに、改めて
- □虫子　chóngzi　［名］
　　虫
- □充足　chōngzú　［形］

充足している
- 愁　chóu　[動]
憂える
- 臭　chòu　[形]
くさい、嫌らしい
- 抽象　chōuxiàng　[形]
抽象的である
- 初　chū　[形]
初めの、初めの部分、第1回の、最初の、初めである
[頭] 一番下の
- 除　chú　[動]
除く、取り除く
- 处　chǔ　[動]
住む、付き合う、交際する、身を置く、存在する、処理する、処置する
- 处　chù　[名]
場所、機関あるいは機関内の部署
- 传　chuán　[動]
伝える、伝わる、伝授する、広まる、広める、広く伝わる、伝道する、表現する、呼び出す、呼びつける、伝染する
- 传播　chuánbō　[動]
広く伝える、散布する、伝播する
- 闯　chuǎng　[動]
突進する、経験を積む、鍛える
- 创　chuàng　[動]
創造する、～し始める
- 创造　chuàngzào　[動]
創造する、新しいものを作り出す
[名] 創造
- 创作　chuàngzuò　[動]
創作する

- [名] 創作
- 传统　chuántǒng　[名]
伝統
- 出版　chūbǎn　[動]
出版する
- 初步　chūbù　[形]
第1段階の、取りあえずの、一応の
- 厨房　chúfáng　[名]
台所、厨房
- 处分　chǔfèn　[名]
処分
[動] 処分する、処罰する
- 初级　chūjí　[形]
初級の、一番下のレベルの
- 出口　chū kǒu
輸出する、口に出す、言葉にする
- 处理　chǔlǐ　[名]
処理
[動] 処理する、処置する、処分販売する
- 春节　chūnjié　[名]
春節、旧暦の正月
- 出生　chūshēng　[動]
生まれる
- 出席　chū xí
出席する
- 出院　chū yuàn
退院する
- 此　cǐ　[代]
この
- 刺　cì　[動]
刺す、突き刺す、刺激する、暗殺する、探る、風刺する
- 此外　cǐwài　[接]

このほか、それ以外
- 从～不／没 cóng~bù／méi
今まで～していない／なかった
- 从～出发 cóng~chūfā
～を（起点として）出発する
- 从此 cóngcǐ ［接］
これから、ここから
- 从而 cóng'ér ［接］
それによって、したがって
- 从来 cónglái ［副］
今まで、これまで、かつて
- 聪明 cōngmíng ［形］
聡明である、利口である
- 从事 cóngshì ［動］
従事する
- 粗 cū ［形］
太い、（粒が）太い、（声が）太い、粗末である、いい加減である、荒々しい
- 醋 cù ［名］
酢
- 催 cuī ［動］
催促する、促進する、早める
- 促进 cùjìn ［動］
促進する、促進させる
- 存 cún ［動］
存在する、保存する、ためる、預ける、保留する、（ある考えを）心に留める、心に抱く
- 寸 cùn ［量］
（長さの単位）寸（約3.3センチ）
- 存在 cúnzài ［動］
存在する
- 措施 cuòshī ［名］

措置、処置、対策

D

- 搭 dā ［動］
（左右に）架け渡す、組み立てる、上からかける、つなぐ、付け加える、（車、船などに）乗る
- 答 dá ［動］
答える、解答する
- 答案 dá'àn ［名］
答え、解答
- 打扮 dǎban ［動］
容姿や身なりを装う、着飾る
- 大胆 dàdǎn ［形］
大胆である
- 达到 dá dào
（目標や目的に）到達する、達成する
- 打倒 dǎ dǎo
打倒する、つぶす
- 大多数 dàduōshù ［名］
大多数
- 大会 dàhuì ［名］
大会、総会
- 大伙儿 dàhuǒr ［代］
みんな、一同
- 呆 dāi ［形］
愚かである、ぼんやりする、ぽかんとする
- 呆 dāi ［動］
いる、とどまる
- 代 dài ［名］
時代、代、世代

□袋　dài　[名]
　袋
　[量]　袋入れのものを数える
□待　dài　[動]
　待つ
□代替　dàitì　[動]
　代わりをつとめる、取ってかわる
□大街　dàjiē　[名]
　大通り、繁華街
□答卷　dájuàn　[名]
　答案、答案用紙
□大量　dàliàng　[形]
　大量の、多量の
□大陆　dàlù　[名]
　大陸
□大米　dàmǐ　[名]
　米
□单　dān　[副]
　1つだけ別に
□单　dān　[形]
　単一の、奇数の、ひとえの
□淡　dàn　[形]
　（液体、気体の濃度、味、色が）薄い、冷淡である
□蛋　dàn　[名]
　卵
□但　dàn　[接]
　しかし
□单词　dāncí　[名]
　単語
□单调　dāndiào　[形]
　単調である
□挡　dǎng　[動]
　ふさぎ止める、食い止める、覆う

□党　dǎng　[名]
　党、政党
□当　dàng　[動]
　～とする、～とみなす、～と思い込む
□蛋糕　dàngāo　[名]
　ケーキ
□当～时候　dāng~shíhou
　～する時
□当地　dāngdì　[名]
　その土地、現地
□当年　dāngnián　[名]
　あの頃、当時
□当前　dāngqián　[名]
　目下、当面
□当时　dāngshí　[名]
　その時、当時
□党员　dǎngyuán　[名]
　党員
□当做　dàngzuò　[動]
　～とする、～とみなす
□担任　dānrèn　[動]
　（職務や仕事を）担当する
□单位　dānwèi　[名]
　単位、機関・団体またはそこに属する各部門
□担心　dān xīn
　心配する
□岛　dǎo　[名]
　島
□倒　dào　[動]
　（上下・前後を）逆さまにする、反対方向に移動させる、（容器を傾けて）つぐ、あける

- □ 道　dào　[動]
  言う、話す、言葉で表す
- □ 道　dào　[名]
  道
- □ 到处　dàochù　[副]
  至る所、あちこちに
- □ 到达　dàodá　[動]
  到着する
- □ 道德　dàodé　[名]
  道徳
- □ 到底　dào dǐ
  最後まで行く、徹底的に行う
- □ 到底　dàodǐ　[副]
  ついに、とうとう、一体、結局、さすがに、やはり
- □ 道路　dàolù　[名]
  道、道路
- □ 道歉　dào qiàn
  わびる、謝る
- □ 倒是　dàoshì　[副]
  かえって
- □ 刀子　dāozi　[名]
  ナイフ
- □ 大批　dàpī　[形]
  多くの、大量の
- □ 打扰　dǎrǎo　[動]
  邪魔をする、よその家を訪れる時などに挨拶言葉として使う
- □ 大人　dàren　[名]
  大人
- □ 大使馆　dàshǐguǎn　[名]
  大使館
- □ 打听　dǎting　[動]
  尋ねる、問い合わせる
- □ 大小　dàxiǎo　[名]
  大きさ、サイズ、親族間の上下、尊卑、大人と子供
- □ 大型　dàxíng　[形]
  大型の、大規模な
- □ 大衣　dàyī　[名]
  オーバーコート
- □ 答应　dāying　[動]
  答える、返事をする、承諾する、承知する
- □ 大约　dàyuē　[副]
  だいたい、おおよそ
- □ 打针　dǎ zhēn
  注射する
- □ 的话　dehuà
  もしも〜ならば
- □ 登　dēng　[動]
  登る、上がる、掲載する
- □ 等　děng　[名]
  等級
- □ 等待　děngdài　[動]
  待つ
- □ 登记　dēngjì　[動]
  登記する、登録する
- □ 等于　děngyú　[動]
  （数量が）〜と等しい、二つのことがほとんど同じであることを表す
- □ 德语　Déyǔ　[名]
  ドイツ語
- □ 滴　dī　[量]
  しずくを数える
- □ 递　dì　[動]
  手渡す、（順に）送る
- □ 店　diàn　[名]

旅館、宿屋、店
- □电报　diànbào　［名］
電報
- □电冰箱　diànbīngxiāng　［名］
冷蔵庫
- □电风扇　diànfēngshàn　［名］
扇風機
- □电视台　diànshìtái　［名］
テレビ局
- □电台　diàntái　［名］
無線電信局、ラジオ放送局
- □电梯　diàntī　［名］
エレベーター
- □电影院　diànyǐngyuàn　［名］
映画館
- □吊　diào　［動］
ぶら下げる、吊り下げる
- □钓　diào　［動］
釣る
- □调　diào　［動］
異動する、転勤する
- □调查　diàochá　［動］
調査する
［名］調査
- □地带　dìdài　［名］
地帯、地域
- □地点　dìdiǎn　［名］
場所
- □跌　diē　［動］
転ぶ、つまずく、（値が）下がる
- □地方　dìfāng　［名］
（中央に対しての）地方
- □地面　dìmiàn　［名］
地面、床

- □顶　dǐng　［名］
てっぺん、頂上
- □顶　dǐng　［動］
頭の上に載せる、頭や角で突く、支える、（風雨を）冒す、口答えする、逆らう、責任をとる、相当する、（臨時に）替わる　［量］てっぺんのあるものを数える
- □订　dìng　［動］
締結する、取り決める、予約する、装丁する、とじる
- □定　dìng　［動］
決める、定める、予約する
- □地球　dìqiú　［名］
地球
- □地区　dìqū　［名］
地区、地域、行政区画名
- □的确　díquè　［副］
確かに、本当に
- □敌人　dírén　［名］
敵
- □地图　dìtú　［名］
地図
- □地位　dìwèi　［名］
地位、ポスト
- □底下　dǐxia　［名］
下、次、その後
- □地下　dìxià　［名］
地下、秘密活動のたとえ
- □地址　dìzhǐ　［名］
住所
- □冻　dòng　［動］
凍る、凍える、冷える
- □洞　dòng　［名］

穴
- □东北　dōngběi　［名］
  東北、北東
- □东部　dōngbù　［名］
  東部
- □懂得　dǒngde　［動］
  分かる、理解する
- □东方　dōngfāng　［名］
  東の方、東、アジア、東洋
- □东面　dōngmiàn　［名］
  東、東側
- □东南　dōngnán　［名］
  東南、南東
- □动人　dòngrén　［形］
  人を感動させる
- □动身　dòng shēn
  旅立つ、出発する
- □动手　dòng shǒu
  始める、着手する、手で触る、殴る
- □动物园　dòngwùyuán　［名］
  動物園
- □动员　dòngyuán　［動］
  動員する
- □动作　dòngzuò　［名］
  動作
- □逗　dòu　［動］
  あやす、かまう
- □豆腐　dòufu　［名］
  豆腐
- □斗争　dòuzhēng　［動］
  闘争する、対立する、つるしあげる、奮闘する
  ［名］闘争
- □堵　dǔ　［動］

ふさぐ
- □度　dù　［名］
  物の度合い、程度
  ［量］度
- □渡　dù　［動］
  渡る
- □端　duān　［動］
  両手で胸の前に水平に持つ、ささげ持つ
- □断　duàn　［動］
  切る、断つ、判断する
- □短期　duǎnqī　［名］
  短期
- □度过　dùguò　［動］
  過ごす
- □堆　duī　［動］
  積む、積み上げる
- □队　duì　［名］
  チーム、隊
- □对　duì　［量］
  二つでひと組みのものを数える
- □对比　duìbǐ　［動］
  対比する、比べる
  ［名］対比
- □对待　duìdài　［動］
  対応する、対処する
- □对方　duìfāng　［名］
  相手、相手側
- □对付　duìfu　［動］
  対処する、処理する
- □对话　duìhuà　［動］
  対話する
  ［名］対話
- □对面　duìmiàn　［名］

137

向かい、正面
- 队伍 duìwu ［名］
  軍隊、隊列、行列
- 对象 duìxiàng ［名］
  対象、恋愛相手、恋人
- 对于 duìyú ［前］
  〜について、〜に対して
- 队长 duìzhǎng ［名］
  隊長、リーダー
- 独立 dúlì ［動］
  単独で立つ、独立する、他人に頼らない
- 吨 dūn ［量］
  （重量の単位）トン、容積トン
- 蹲 dūn ［動］
  しゃがむ、うずくまる、（ある場所に）留まる、じっとしている
- 夺 duó ［動］
  奪う、勝ち取る
- 朵 duǒ ［量］
  花・雲を数える
- 躲 duǒ ［動］
  避ける、隠れる
- 多数 duōshù ［名］
  多数
- 读书 dú shū
  讀書する
- 读者 dúzhě ［名］
  読者
- 肚子 dùzi ［名］
  腹、腹部

E

- 鹅 é ［名］
  ガチョウ
- 而 ér ［接］
  そして
- 耳朵 ěrduo ［名］
  耳
- 儿童 értóng ［名］
  子供

F

- 发表 fābiǎo ［動］
  公表する、（雑誌など刊行物に）載せる
- 发出 fāchū ［動］
  （声や疑問などを）発する、公布する、送付する、公表する
- 发达 fādá ［形］
  発達している
- 发动 fādòng ［動］
  発動する、始める、人に働きかけて行動を起こさせる、（エンジンなどを）始動させる
- 发抖 fādǒu ［動］
  震える
- 发挥 fāhuī ［動］
  発揮する、展開する
- 法郎 fǎláng ［名］
  （フランス・スイス・ベルギーの通貨単位）フラン
- 法律 fǎlǜ ［名］
  法律

- □发明　fāmíng　[動]
  発明する
  [名] 発明
- □凡　fán　[副]
  すべて、およそ
- □犯　fàn　[動]
  （法や過ちを）犯す、違反する、（病気などに）なる
- □反动　fǎndòng　[形]
  反動的である
- □反复　fǎnfù　[副]
  繰り返し
  [名] 反復
- □方　fāng　[形]
  四角い
- □防　fáng　[動]
  防ぐ、防衛する
- □方案　fāng'àn　[名]
  計画、プラン
- □放大　fàngdà　[動]
  画像や音声などを大きくする、拡大する、写真を引き伸ばす
- □仿佛　fǎngfú　[副]
  まるで〜のようだ
- □放弃　fàngqì　[動]
  放棄する、棄てる
- □方式　fāngshì　[名]
  方式
- □放心　fàng xīn
  安心する
- □方针　fāngzhēn　[名]
  方針
- □防止　fángzhǐ　[動]
  防止する、ふせぐ
- □纺织　fǎngzhī　[動]
  紡績と織布をする
- □房子　fángzi　[名]
  家、家屋
- □反抗　fǎnkàng　[動]
  反抗する、抵抗する
- □繁荣　fánróng　[形]
  繁栄している、栄えている
  [動] 繁栄させる
- □范围　fànwéi　[名]
  範囲
- □反应　fǎnyìng　[動]
  反応する
  [名] 反応
- □反映　fǎnyìng　[動]
  反映する、報告する
  [名] 反映
- □反正　fǎnzhèng　[副]
  どっちみち、いずれにせよ
- □发言　fā yán
  発言する
- □发扬　fāyáng　[動]
  発揚する、発揮する
- □肥　féi　[形]
  肥えている、脂身が多い、太っている、（服のサイズが）だぶだぶである
- □肺　fèi　[名]
  肺
- □费　fèi　[名]
  費用
- □费　fèi　[動]
  費やす
- □非〜不可　fēi~bù kě

139

どうしても～でなければならない
□費用　fèiyòng　[名]
　費用、コスト
□份　fèn　[量]
　セットになっているものを数える
□粉笔　fěnbǐ　[名]
　チョーク
□分别　fēnbié　[動]
　離別する、別れる、弁別する、区別する
　[副] 別々に、それぞれ、各自
□奋斗　fèndòu　[動]
　奮闘する、努力する
□纷纷　fēnfēn　[形]
　雑多に入り乱れている
□吩咐　fēnfù　[動]
　（用事などを）言いつける、命令する
□逢　féng　[動]
　出会う、会う
□封建　fēngjiàn　[形]
　封建的である
□风景　fēngjǐng　[名]
　風景、景色
□风力　fēnglì　[名]
　風力
□风俗　fēngsú　[名]
　風俗、風習
□愤怒　fènnù　[形]
　不満を覚え怒る
□分配　fēnpèi　[動]
　分配する
□分析　fēnxī　[動]
　分析する

□否定　fǒudìng　[動]
　否定する
□否则　fǒuzé　[接]
　でなければ～だ
□扶　fú　[動]
　手で支える、押さえる
□浮　fú　[動]
　浮く、浮かぶ
□幅　fú　[量]
　（絵や布地などを数える）枚
□付　fù　[動]
　渡す、付する、ゆだねる
□副　fù　[量]
　組になったものを数える
□副　fù　[形]
　副次的な、付帯的な
□富　fù　[形]
　豊かである
□服从　fúcóng　[動]
　服従する、従う
□符合　fúhé　[動]
　符合する
□妇女　fùnǚ　[名]
　婦女、成人女性
□副食　fùshí　[名]
　副食、おかず
□复述　fùshù　[動]
　他人の話した言葉を繰り返して言う
□复印　fùyìn　[動]
　コピーする

G

□该　gāi　[代]

当該のもの、この、その
- □ 盖　gài　[動]
覆う、ふたをする、(印鑑を) 押す、(建物を) 建てる
- □ 改革　gǎigé　[動]
改革する
[名] 改革
- □ 改进　gǎijìn　[動]
改善する
[名] 改善
- □ 概括　gàikuò　[動]
総括する
[名] 総括
- □ 概念　gàiniàn　[名]
概念
- □ 改善　gǎishàn　[動]
改善する
- □ 改造　gǎizào　[動]
改造する
- □ 改正　gǎizhèng　[動]
改正する、正しいものに改める
- □ 干　gān　[形]
乾している、水分がない
- □ 杆　gān　[名]
細長い棒
- □ 肝　gān　[名]
肝臓、レバー
- □ 赶　gǎn　[動]
追いかける、早める、いそぐ、追い払う、出会う
- □ 干杯　gān bēi
乾杯する
- □ 干脆　gāncuì　[形]
きっぱりとしている

- □ 感动　gǎndòng　[動]
感動する、感動させる
- □ 钢　gāng　[名]
はがね、鋼鉄
- □ 港　gǎng　[名]
港
- □ 刚刚　gānggāng　[副]
〜したばかりである
- □ 干活儿　gàn huór
仕事をする
- □ 感激　gǎnjī　[動]
感激する、感謝する
- □ 赶紧　gǎnjǐn　[副]
急いで、早く
- □ 感觉　gǎnjué　[動]
感じる
[名] 感じ
- □ 赶快　gǎnkuài　[副]
すぐに、急いで
- □ 干吗　gànmá
どうして、なぜ
- □ 感情　gǎnqíng　[名]
感情
- □ 感想　gǎnxiǎng　[名]
感想
- □ 感兴趣　gǎn xìngqù
興味を持つ
- □ 干燥　gānzào　[形]
乾いている
- □ 告　gào　[動]
告げる
- □ 告别　gàobié　[動]
別れる
- □ 高大　gāodà　[形]

高くて大きい
□高度　gāodù　［名］
　　高度、高さ
　　［形］　程度が高い
□高原　gāoyuán　［名］
　　高原
□割　gē　［動］
　　全体から一部を切り取る
□搁　gē　［動］
　　置く、入れる
□隔　gé　［動］
　　隔てる、間を割く、分ける
□隔壁　gébì　［名］
　　壁一つで隔てられた隣、お隣さん
□个別　gèbié　［形］
　　個別の、珍しい、非常に少ない
□胳膊　gēbo　［名］
　　腕
□革命　gémìng　［動］
　　革命をする
　　［名］　革命
□根本　gēnběn　［名］
　　物事の根本
　　［形］　根本的な、重要な
□更加　gèngjiā　［副］
　　さらに、いっそう
□根据　gēnjù　［動］
　　～に基づいて
　　［名］　根拠、証拠、よりどころ
　　［前］　～によれば
□跟前　gēnqián　［名］
　　目の前
□个人　gèrén　［名］
　　個人、自分自身

□个体　gètǐ　［名］
　　個人、固体
□个子　gèzi　［名］
　　背丈、身長
□供　gōng　［動］
　　供給する、提供する
□共　gòng　［副］
　　あわせて
□共产党　gòngchǎndǎng　［名］
　　共産党
□工程　gōngchéng　［名］
　　大規模な工事、プロジェクト
□工程师　gōngchéngshī　［名］
　　技師、エンジニア
□公费　gōngfèi　［形］
　　公費
□工夫　gōngfu　［名］
　　時間、暇な時間、技量、腕
□功夫　gōngfu　［名］
　　腕前、技、中国武術、カンフー
□公共　gōnggòng　［形］
　　公共の
□巩固　gǒnggù　［形］
　　強固である
　　［動］　強固なものにする
□工会　gōnghuì　［名］
　　労働組合
□供给　gōngjǐ　［動］
　　供給する
□工具　gōngjù　［名］
　　道具、手段
□公开　gōngkāi　［形］
　　公開の
　　［動］　うちあける

- □公路　gōnglù　［名］
  自動車道路
- □公司　gōngsī　［名］
  会社
- □共同　gòngtóng　［形］
  共同の、共通である
- □貢献　gòngxiàn　［動］
  貢献する
  ［名］貢献
- □工艺品　gōngyìpǐn　［名］
  工芸品
- □公用电话　gōngyòng diànhuà　［名］
  公衆電話
- □公元　gōngyuán　［名］
  西暦紀元
- □工资　gōngzī　［名］
  給料
- □狗　gǒu　［名］
  犬
- □构成　gòuchéng　［動］
  形成する
- □构造　gòuzào　［名］
  構造
- □鼓　gǔ　［名］
  太鼓
- □古　gǔ　［形］
  古い
- □顾　gù　［動］
  見る、見回す
- □挂号　guà hào
  （病院などで診察の順番などを）申し込む
- □拐　guǎi　［動］
  （角を）曲がる、方角を変える、足を引きずる
- □怪　guài　［形］
  怪しい、不思議である、変わっている
- □官　guān　［名］
  役人、政府（の）
- □管　guǎn　［動］
  管理する、受け持つ、かまう、口出しする、支給する
- □观察　guānchá　［動］
  観察する、見つめる
- □贯彻　guànchè　［動］
  貫徹する
- □观点　guāndiǎn　［名］
  観点、見方
- □光　guāng　［名］
  光、光線
- □光　guāng　［形］
  何も残っていない、つるつるしている、光っている
- □光　guāng　［副］
  ただ、だけ
- □逛　guàng　［動］
  ぶらぶら歩く
- □广大　guǎngdà　［形］
  広大な
- □广场　guǎngchǎng　［名］
  広場
- □广泛　guǎngfàn　［形］
  多方面にわたっている
- □广告　guǎnggào　［名］
  広告、コマーシャル
- □光辉　guānghuī　［名］
  輝き

［形］　輝かしい
□广阔　guǎngkuò　［形］
　　広大である
□光明　guāngmíng　［形］
　　明るい
□光荣　guāngróng　［形］
　　光栄である
□光线　guāngxiàn　［名］
　　光線
□关键　guānjiàn　［名］
　　キーポイント
□冠军　guànjūn　［名］
　　（スポーツなどの）優勝
□管理　guǎnlǐ　［動］
　　管理する
□罐头　guàntou　［名］
　　缶詰
□关于　guānyú　［前］
　　〜に関して、〜について
□关照　guānzhào　［動］
　　面倒を見る、世話をする
□观众　guānzhòng　［名］
　　観客、観衆
□古代　gǔdài　［名］
　　古代
□姑姑　gūgu　［名］
　　父の姉妹にあたるおば
□鬼　guǐ　［名］
　　幽霊、悪だくみ
□跪　guì　［動］
　　ひざまずく
□规定　guīdìng　［動］
　　規定する、決める
　　［名］　規定

□规律　guīlǜ　［名］
　　法則、規則
□规模　guīmó　［名］
　　規模
□估计　gūjì　［動］
　　見積もる、推定する
　　［名］　推定
□古迹　gǔjì　［名］
　　旧跡、遺跡
□顾客　gùkè　［名］
　　顧客、お得意
□古老　gǔlǎo　［形］
　　古い、古い歴史を持つ
□鼓励　gǔlì　［動］
　　激励する
　　［名］　激励
□滚　gǔn　［動］
　　転がる、出て行け
□锅　guō　［名］
　　鍋、釜
□过程　guòchéng　［名］
　　過程、プロセス
□国际　guójì　［名］
　　国際
□国民党　guómíndǎng　［名］
　　国民党
□过年　guò nián
　　新年を祝う、年を越す
□果然　guǒrán　［副］
　　果たして、案の定、、思ったとおり
□国王　guówáng　［名］
　　国王
□骨头　gǔtou　［名］
　　骨

☐鼓舞　gǔwǔ　[動]
　鼓舞する
　[名] 励み
☐故乡　gùxiāng　[名]
　故郷、ふるさと
☐故意　gùyì　[副]
　わざと、故意に
☐鼓掌　gǔ zhǎng
　拍手する

H

☐害　hài　[名]
　害、災い　[動] 殺す、患う
☐害处　hàichu　[名]
　悪い点
☐海关　hǎiguān　[名]
　税関
☐害怕　hàipà　[動]
　怖がる、恐れる、怖くなる
☐海洋　hǎiyáng　[名]
　海洋
☐含　hán　[動]
　含む、(事物の中に) 含有する、持つ、(内に意味や感情を) 帯びる、抱く、こもる
☐汗　hàn　[名]
　汗
☐行　háng　[量]
　行列などを数える
☐航空　hángkōng　[名]
　航空
☐寒冷　hánlěng　[形]
　寒い

☐好　hào　[動]
　好く、好む、よく～する、～しがちである
☐毫不　háo bù
　少しも～しない、少しも～でない
☐好好儿　hǎohāor　[形]
　ちゃんとしている、ぴんぴんしている
☐好久　hǎojiǔ　[名]
　長い間
☐号码　hàomǎ　[名]
　番号、ナンバー
☐好容易　hǎoróngyì　[副]
　やっとのことで、ようやく
☐好听　hǎotīng　[形]
　聞いて気持ちがよい、(言うことが) 立派である、人聞きがよい
☐好玩儿　hǎowánr　[形]
　面白い、愛らしい
☐毫无　háo wú
　少しも～していない
☐好些　hǎoxiē　[形]
　多い、たくさん、どっさり
☐号召　hàozhào　[動]
　呼びかける
　[名] 呼びかけ
☐合　hé　[動]
　(もとの状態に) 閉める、合わせる、一つにする、ぴったり合う、全部で～になる
☐盒　hé　[名] 容器、箱、ケース
　[量] 箱入れのものを数える
☐嘿　hēi　[感嘆詞]
　呼びかけたり注意を促す

145

- 黒暗 hēi'àn ［形］
  暗い、暗黒である
- 合理 hélǐ ［形］
  理にかなっている
- 恨 hèn ［動］
  恨む、憎む、敵視する
- 哼 hēng ［動］
  鼻から音を出す、鼻歌を歌う
  ［嘆］うん
- 和平 hépíng ［名］
  平和
- 合同 hétong ［名］
  契約、契約書
- 合作 hézuò ［動］
  協力する
- 红茶 hóngchá ［名］
  紅茶
- 红旗 hóngqí ［名］
  赤旗
- 厚 hòu ［形］
  厚い、(感情が)深い、こまやかである
- 后悔 hòuhuǐ ［動］
  後悔する
- 后来 hòulái ［名］
  その後、それから
- 后面 hòumian ［名］
  後ろ、裏側
- 后年 hòunián ［名］
  再来年
- 后天 hòutiān ［名］
  あさって
- 猴子 hóuzi ［名］
  サル
- 呼 hū ［動］
  (息を)吐く
- 壶 hú ［名］
  ポット、やかん
- 户 hù ［名］
  戸、世帯 ［量］戸数を数える
- 划 huá ［動］
  (かいやオールで)こぐ、(とがった物で)こする、切る
- 滑 huá ［動］
  滑る、滑りやすい
  ［形］ずるい
- 化 huà ［動］
  溶ける、変化する
- 划 huà ［動］
  区切る
- 画报 huàbào ［名］
  画報、グラフ誌
- 滑冰 huá bīng
  スケートをする
- 坏处 huàichu ［名］
  害、悪い所
- 环 huán ［名］
  輪状のものをいう
- 慌 huāng ［形］
  そそっかしい
  ［動］慌てる
- 皇帝 huángdì ［名］
  皇帝
- 黄瓜 huángguā ［名］
  キュウリ
- 黄油 huángyóu ［名］
  バター
- 环境 huánjìng ［名］

146

環境、周囲の情況
- □欢送　huānsòng　［動］
  歓送する
- □花园　huāyuán　［名］
  花園、ガーデン、庭
- □灰　huī　［形］
  灰色の
- □挥　huī　［動］
  振る、振り回す、（涙や汗を）ぬぐう
- □会场　huìchǎng　［名］
  会場
- □恢复　huīfù　［動］
  回復する、取り戻す
- □会见　huìjiàn　［動］
  会見する
- □会客　huì kè
  客に会う
- □会谈　huìtán　［動］
  会談する、話し合う
  ［名］会談
- □回头　huítóu　［副］
  やがて、後ほど
- □回信　huí xìn
  返事を出す
- □回忆　huíyì　［動］
  回想する、追憶する
- □会议　huìyì　［名］
  会議
- □胡乱　húluàn　［副］
  勝手に、いいかげんに、でたらめに
- □混　hùn　［動］
  混じる、混ぜる、一緒にする、いつわる、ごまかす、無為に日を過ごす、

いいかげんに過ごす
- □昏迷　hūnmí　［動］
  意識不明になる
- □婚姻　hūnyīn　［名］
  婚姻
- □火　huǒ　［名］
  火
- □或　huò　［接］
  もしかすると、ひょっとすると
- □货　huò　［名］
  品物、商品
- □火柴　huǒchái　［名］
  マッチ
- □获得　huòdé　［動］
  獲得する
- □活泼　huópo　［形］
  活発である、元気がいい、生き生きとしている
- □伙食　huǒshí　［名］
  賄いの食事
- □活跃　huóyuè　［形］
  活発である
  ［動］活発にする
- □护士　hùshi　［名］
  看護婦
- □糊涂　hútu
  愚かである、わけがわからない
- □呼吸　hūxī　［動］
  呼吸する
- □护照　hùzhào　［名］
  パスポート
- □胡子　húzi　［名］
  鬚

J

- 及 jí ［接］
および
- 级 jí ［名］
等級、レベル、学年
- 即 jí ［動］
即ち～である、近づく
- 极 jí ［副］
きわめて、とても
- 集 jí ［名］
集（詩文などを集めたもの）
- 既 jì ［接］
～したからには
- 既～也 jì~yě~
～でもあり、かつ～でもある
- 既～又 jì~yòu~
～の上に～である
- 夹 jiā ［動］
（両側から）挟む、脇の下に挟む、まじる
- 假 jiǎ ［形］
偽りである、偽物である、仮の
- 架 jià ［量］
棚や枠などを支柱のあるものや機械などを数える
- 价格 jiàgé ［名］
価格
- 加工 jiā gōng
加工する、仕上げる
- 家具 jiājù ［名］
家具
- 尖 jiān ［形］
とがっている、鋭い、（耳、目、鼻などが）鋭い
- 肩 jiān ［名］
肩
- 拣 jiǎn ［動］
選ぶ
- 减 jiǎn ［動］
差し引く、減る、減らす、衰える、落ちる
- 捡 jiǎn ［動］
拾う
- 剪 jiǎn ［動］
切る
- 建 jiàn ［動］
建てる、建築する、造る、設立する、つくりあげる
- 箭 jiàn ［名］
矢
- 坚定 jiāndìng ［形］
（立場、主張、意思などが）ゆるぎない、しっかりしている
［動］ 堅くする
- 将 jiāng ［前］
～を
- 将 jiāng ［副］
まさしく～しようとしている
- 奖 jiǎng ［動］
ほめる、褒美を与える、奨励する
［名］ 奨励
- 降 jiàng ［動］
下がる、下げる
- 降低 jiàngdī ［動］
下がる、下げる
- 讲话 jiǎng huà
発言する、話をする

- □奖学金　jiǎngxuéjīn　[名]
  奨学金
- □将要　jiāngyào　[副]
  まさに～しようとしている
- □酱油　jiàngyóu　[名]
  醤油
- □讲座　jiǎngzuò　[名]
  講座
- □渐渐　jiànjiàn　[副]
  しだいに、だんだんと
- □艰巨　jiānjù　[形]
  非常に困難である
- □坚决　jiānjué　[形]
  （態度、主張、行動などが）きっぱりとしている
- □艰苦　jiānkǔ　[形]
  苦難に満ちている
- □建立　jiànlì　[動]
  建立する、設立する、築き上げる
- □坚强　jiānqiáng　[形]
  ゆるぎない、強固である
- □减轻　jiǎnqīng　[動]
  軽くする、減らす
- □尖锐　jiānruì　[形]
  鋭利である、鋭い、音が甲高く耳を刺す、（言論、闘争などが）激しい
- □减少　jiǎnshǎo　[動]
  減る、減らす
- □建议　jiànyì　[動]
  提案する、意見を出す　[名]
  提案
- □建筑　jiànzhù　[動]
  建築する、造る　[名]　建築物
- □角　jiǎo　[名]
  つの、かど、（数学の）角
- □较　jiào　[前]
  ～より
  [副]　比較的
- □骄傲　jiāo'ào　[形]
  傲慢である、おごり高ぶっている
- □教材　jiàocái　[名]
  教材
- □交换　jiāohuàn　[動]
  交換する
- □交际　jiāojì　[動]
  付き合う、交際する
  [名]　付き合い
- □交流　jiāoliú　[動]
  交流する、取り交わす
  [名]　交流
- □郊区　jiāoqū　[名]
  郊外地区
- □教师　jiàoshī　[名]
  教員、教師
- □教授　jiàoshòu　[動]
  教授する　[名]　教授
- □交通　jiāotōng　[名]
  交通
- □教学　jiàoxué　[名]
  教学、教育課程、カリキュラム
- □教训　jiàoxùn　[動]
  教え諭す、教訓を与える
  [名]　教訓
- □教员　jiàoyuán　[名]
  教員
- □叫做　jiàozuò　[動]
  ～という、～と呼ぶ
- □加强　jiāqiáng　[動]

強化する、強める
- □假条　jiàtiáo　［名］
欠席届
- □家乡　jiāxiāng　［名］
郷里、ふるさと
- □加以　jiāyǐ　［動］
～を加える
［接］その上
- □价值　jiàzhí　［名］
価値
- □机床　jīchuáng　［名］
工作機械
- □记得　jìde　［動］
覚えている、記憶している
- □激动　jīdòng　［動］
感情が高まる、感動する、感激させる
［形］興奮している
- □解　jiě　［動］
ほどく、解く、分かる、理解する、取り除く
- □届　jiè　［量］
期、回
- □接触　jiēchù　［動］
接触する、近づく、人と接する、付き合う
- □解答　jiědá　［動］
解答する、答える
- □接待　jiēdài　［動］
接待する、もてなす
- □接到　jiē dào
受け取る
- □街道　jiēdào　［名］
おお通り、街路、居住地域、町内

- □阶段　jiēduàn　［名］
段階
- □解放　jiěfàng　［動］
解放する、解き放つ
［名］解放
- □结构　jiégòu　［名］
構成、構造、しくみ
- □结合　jiéhé　［動］
結びつける、結合する
- □结婚　jié hūn
結婚する
- □阶级　jiējí　［名］
階級
- □接见　jiējiàn　［動］
接見する
- □接近　jiējìn　［動］
近づく、接近する
- □结论　jiélùn　［名］
結論
- □节省　jiéshěng　［動］
節約する、切りつめる
- □结实　jiēshi　［形］
丈夫である
- □解释　jiěshì　［動］
意味や理由などを説明する、解釈する、釈明する
［名］解釈
- □接受　jiēshòu　［動］
受け入れる、引き受ける
- □节约　jiéyuē　［動］
節約する、倹約する
- □及格　jí gé
試験に合格する、及第する
- □机关　jīguān　［名］

事務処理部門、機関、装置、しかけ
- 几乎　jīhū　［副］
　ほとんど、ほぼ、もうすこしで、危うく
- 积极　jījí　［形］
　肯定的である、積極的である
- 季节　jìjié　［名］
　季節
- 积极性　jījíxìng　［名］
　積極性、意欲
- 积累　jīlěi　［動］
　少しずつ積み重ねる
- 激烈　jīliè　［形］
　激しい、激烈である
- 记录　jìlù　［動］
　記録する
　［名］記録
- 纪律　jìlǜ　［名］
　規律
- 急忙　jímáng　［形］
　あわただしい、せわしい
- 金　jīn　［名］
　金属、金銭、金
- 仅　jǐn　［副］
　わずかに、ただ
- 尽　jǐn　［動］
　できるかぎりする、ある範囲に限る、～を先にする
- 尽　jìn　［動］
　（動詞の後について）尽きる、尽くす、なくなる
- 劲　jìn　［名］
　力、意気込み、気力、態度、様子、面白み
- 进步　jìnbù　［動］
　進歩する
　［形］進歩的である
- 经　jīng　［動］
　～を経る、経過する、耐える
- 井　jǐng　［名］
　井戸、井戸の穴
- 静　jìng　［形］
　動きがない、静かである
- 敬爱　jìng'ài　［動］
　敬愛する
- 警察　jǐngchá　［名］
　警察
- 京剧　jīngjù　［名］
　京劇
- 经理　jīnglǐ　［名］
　支配人、経営者、社長、マネージャー
- 经历　jīnglì　［動］
　経験する
　［名］経歴
- 精力　jīnglì　［名］
　精力、体力と気力
- 敬礼　jìng lǐ
　敬礼する
- 进攻　jìngōng　［動］
　進攻する
- 竞赛　jìngsài　［動］
　競技する、競争する
- 尽管　jǐnguǎn　［副］
　遠慮なく、かまわずに、気にせずに
　［接］たとえ～であっても
- 镜子　jìngzi　［名］
　鏡
- 今后　jīnhòu　［名］

今後
- □ 进化　jìnhuà　[動]
  進化する
- □ 纪念　jìniàn　[動]
  記念する
  [名] 記念
- □ 仅仅　jǐnjǐn　[副]
  たった、わずかに
- □ 进口　jìn kǒu
  輸入する
- □ 进来　jìnlái　[名]
  近頃
- □ 尽量　jǐnliàng　[副]
  できるだけ
- □ 进入　jìnrù　[動]
  入る
- □ 金属　jīnshǔ　[名]
  金属
- □ 进修　jìnxiū　[動]
  研修する
- □ 进一步　jìn yī bù
  さらに
- □ 禁止　jìnzhǐ　[動]
  禁止する
- □ 极其　jíqí　[副]
  極めて、たいへん
- □ 既然　jìrán　[接]
  〜であるからには〜である
- □ 及时　jíshí　[形]
  時宜にかなっている
- □ 技术员　jìshùyuán　[名]
  技術員
- □ 计算　jìsuàn　[動]
  計算する、計画する、考慮する、企

む
- □ 集体　jítǐ　[名]
  集団
- □ 救　jiù　[動]
  救う、助ける
- □ 就　jiù　[前]
  〜について、〜に基づいて
- □ 究竟　jiūjìng　[副]
  結果、一部始終
- □ 就是　jiùshì　[副]
  もっとも、おっしゃるとおり、絶対に、まったく
  [接] たとえ〜でも
- □ 纠正　jiūzhèng　[動]
  是正する、修正する
- □ 机械　jīxiè　[名]
  機械、装置
- □ 记忆　jìyì　[動]
  記憶する、覚えている
  [名] 記憶
- □ 记者　jìzhě　[名]
  記者
- □ 集中　jízhōng　[動]
  集める、集中する
  [形] 集中している
- □ 卷　juàn　[動]
  巻く、巻き上げる、巻き込む、巻き起こす
- □ 具备　jùbèi　[動]
  具備する、備える、備わる
- □ 剧场　jùchǎng　[名]
  劇場
- □ 巨大　jùdà　[形]
  巨大である、きわめて大きい

- 决　jué　［副］
  （否定の前に置いて）決して
- 绝对　juéduì　［形］
  絶対に、絶対である
- 觉悟　juéwù　［動］
  自覚する、迷いから覚める、目覚める
  ［名］覚悟
- 决心　juéxīn　［動］
  決心する、決意する
  ［名］決心
- 拒绝　jùjué　［動］
  拒絶する、拒否する、断る
- 俱乐部　jùlèbù　［名］
  クラブ
- 距离　jùlí　［名］
  距離
- 距离　jùlí　［前］
  〜から離れている
- 军　jūn　［名］
  軍隊
- 军队　jūnduì　［名］
  軍隊
- 军事　jūnshì　［名］
  軍事
- 据说　jùshuō　［副］
  聞くところによると
- 具体　jùtǐ　［形］
  具体的である、具体的な
- 举行　jǔxíng　［動］
  挙行する、行う
- 具有　jùyǒu　［動］
  備える、持つ
- 局长　júzhǎng　［名］
  局長、署長

K

- 开放　kāifàng　［動］
  （花が）咲く、開く、開放する、制限をとく、公開する
- 开会　kāi huì
  会を開く、会議をする
- 开课　kāi kè
  授業が始まる
- 开明　kāimíng　［動］
  進歩的で見識がある
- 开辟　kāipì　［動］
  開設する、始める、開拓する
- 开演　kāiyǎn　［動］
  （芝居などが）開演する
- 开展　kāizhǎn　［動］
  盛んに行う、展開する、推し進める
- 砍　kǎn　［動］
  （刀や斧で）切る、割る、たたき切る
- 看不起　kàn bu qǐ
  ばかにする、見下す、軽視する
- 看法　kànfǎ　［名］
  見方、見解
- 扛　káng　［動］
  担う、担ぐ
- 看来　kànlái　［副］
  （推量を表す）見たところ〜のようだ
- 看样子　kàn yàngzi
  見たところ〜のようだ
- 考　kǎo　［動］

試験をする、テストをする
- □ 烤　kǎo　[動]
あぶる、焼く、火に当たる、暖を取る
- □ 靠　kào　[動]
もたれる、寄りかかる、近づく、接近する、頼る、依存する、信頼する
[前]　～によって
- □ 考虑　kǎolǜ　[動]
考慮する、考える
- □ 科　kē　[名]
(学術、業務上の分類) 科
- □ 颗　kē　[量]
粒状のものを数える
- □ 可　kě　[副]
本当に、まったく、なかなか
[接]　しかし
- □ 刻　kè　[動]
彫る、刻む
- □ 可爱　kě'ài　[形]
かわいい、愛すべき
- □ 课程　kèchéng　[名]
課程、授業計画
- □ 克服　kèfú　[動]
克服する、打ち勝つ
- □ 可靠　kěkào　[形]
信頼できる、確かである
- □ 刻苦　kèkǔ　[形]
骨身を惜しまない、苦労している
- □ 可怜　kělián　[形]
哀れである、かわいそうである、哀れなほどひどい
[動]　哀れむ
- □ 肯　kěn　[助動]

進んで～する
- □ 肯定　kěndìng　[動]
肯定する、認める、断言する、はっきり言う
[形]　確かだ
- □ 可怕　kěpà　[形]
恐ろしい、怖い
- □ 客人　kèren　[名]
客
- □ 科学家　kēxuéjiā　[名]
科学者
- □ 科学院　kēxuéyuàn　[名]
科学院、アカデミー
- □ 科研　kēyán　[名]
科学研究
- □ 可以　kěyǐ　[形]
～できる、～してもよろしい
- □ 科长　kēzhǎng　[名]
課長
- □ 空　kōng　[形]
空っぽである中身がない
- □ 孔　kǒng　[名]
穴
- □ 空间　kōngjiān　[名]
空間
- □ 恐怕　kǒngpà　[副]
恐らく
- □ 空前　kōngqián　[名]
空前
- □ 空儿　kòngr　[名]
暇、あいた場所
- □ 控制　kòngzhì　[動]
抑える、制御する、コントロールする

□空中　kōngzhōng　[名]
空中、空
□扣　kòu　[動]
かける、はめる、（器物などを）伏せる、かぶせる、取り押さえる、差し引く
□口袋　kǒudai　[名]
ポケット、袋
□口号　kǒuhào　[名]
スローガン
□跨　kuà　[動]
またぐ、またがる
□快乐　kuàilè　[形]
楽しい、満足である
□筷子　kuàizi　[名]
箸
□宽　kuān　[形]
（幅や範囲が）広い
□款　kuǎn　[名]
金、金額
□矿　kuàng　[名]
鉱脈
□捆　kǔn　[動]
くくる、縛る
[量]（縛って束になったものを数える）束、把（わ）
□困　kùn　[動]
困る、窮する、行き詰まる
[形]　眠い
□扩大　kuòdà　[動]
拡大する、広める
□裤子　kùzi　[名]
ズボン、スラックス、パンツ

L

□来　lái　[数]
〜ほど
□来　lái　[助]
〜以来
□来不及　lái bu jí
間に合わない
□来得及　lái de jí
間に合う
□来信　lái//xìn
手紙が来る　[名]　来信
□来自　láizì　[動]
〜から来る、〜から生まれる
□垃圾　lājī　[名]
ごみ、ちり
□拦　lán　[動]
止める
□懒　lǎn　[形]
ものぐさである、だるい
□烂　làn　[動]
腐る
[形]　破れた、ぼろぼろの、柔らかい
□狼　láng　[名]
オオカミ
□浪　làng　[名]
波
□朗读　lǎngdú　[動]
朗読する
□浪费　làngfèi　[動]
浪費する、無駄使いをする
□捞　lāo　[動]
（水中から）すくう、（不正な手段で）

155

得る、手に入れる
- 老百姓　lǎobǎixìng　［名］
  一般庶民
- 老板　lǎobǎn　［名］
  商店の主任、経営者
- 老大妈　lǎodàmā　［名］
  おばあさん
- 老大娘　lǎodàniang　［名］
  おばあさん
- 老大爷　lǎodàye　［名］
  おじいさん
- 老虎　lǎohǔ　［名］
  トラ
- 老人　lǎoren　［名］
  老人
- 老（是）　lǎo (shì)　［副］
  いつも
- 老实　lǎoshi　［形］
  誠実である、真面目である
- 老太太　lǎotàitai　［名］
  年輩の女性に対する敬称
- 老头儿　lǎotóur　［名］
  おじいさん、年輩の男性
- 乐观　lèguān　［形］
  楽観的である
- 雷　léi　［名］
  雷
- 类　lèi　［名］
  種類
  ［量］　種類を数える
- 梨　lí　［名］
  梨
- 力　lì　［名］
  力、能力、体力

- 立　lì　［動］
  立つ、立てかける、制定する
- 例　lì　［名］
  例
- 粒　lì　［名］
  粒　［量］　粒状のものを数える
- 连　lián　［動］
  つながる、つなげる
  ［副］　～さえ
- 练　liàn　［動］
  練習する、訓練する
- 恋爱　liàn'ài　［名］
  恋愛、恋
  ［動］　恋する
- 凉　liáng　［形］
  冷たい、涼しい、がっかりする
- 量　liáng　［動］
  はかる
- 两　liǎng　［量］
  重さの単位
- 良好　liánghǎo　［形］
  よろしい
- 粮食　liángshi　［名］
  食糧、穀物
- 联合　liánhé　［動］
  連合する、団結する
- 联欢　liánhuān　［動］
  交歓する
- 连忙　liánmáng　［副］
  急いで、あわてて
- 连续　liánxù　［動］
  連続する
- 聊　liáo　［動］
  おしゃべりをする

- 了不起　liǎobuqǐ
  平凡ではない、すばらしい
- 聊天儿　liáo tiānr
  世間話をする
- 礼拜天　lǐbàitiān　［名］
  日曜日
- 立场　lìchǎng　［名］
  立場
- 列　liè　［動］
  並べる、繰り入れる
  ［量］列になっているものを数える
- 理发　lǐ fà
  散髪する
- 立方　lìfāng　［名］
  三乗、立方体
- 利害／厉害　lìhai／lìhai　［形］
  激しい、すごい、恐ろしい
- 离婚　lí hūn
  離婚する
- 立即　lìjí　［副］
  直ちに
- 理解　lǐjiě　［動］
  理解する
  ［名］理解
- 力量　lìliàng　［名］
  力
- 理论　lǐlùn　［名］
  理論
- 礼貌　lǐmào　［名］
  礼儀、マナー
- 厘米　límǐ　［名］
  センチメートル
- 里面　lǐmiàn　［名］
  中、内

- 临　lín　［動］
  臨む、面する、近い
- 铃　líng　［名］
  ベル、鈴に似たもの
- 领　lǐng　［動］
  連れる、受け取る、いただく
- 另　lìng　［形］
  このほかの
- 灵活　línghuó　［形］
  機敏である、柔軟性がある
- 零钱　língqián　［名］
  小銭、小遣い
- 另外　lìngwài　［名］
  ほかの
- 领袖　lǐngxiù　［名］
  国家や組織の指導者
- 邻居　línjū　［名］
  近所の人や家
- 临时　línshí　［副］
  その時になって
- 力气　lìqi　［名］
  力
- 力所能及　lì suǒ néng jí
  （自分の）能力に相応する
- 礼堂　lǐtáng　［名］
  講堂、ホール
- 流利　liúlì　［形］
  流暢である、よどみなく、なめらかである
- 理想　lǐxiǎng　［名］
  理想、夢
- 利益　lìyì　［名］
  利益
- 理由　lǐyóu　［名］

157

理由
- 例子　lìzi　[名]
例
- 龙　lóng　[名]
竜
- 漏　lòu　[動]
漏る、漏らす、抜け落ちる、抜かす
- 露　lòu　[動]
現れる、さらけ出す
- 楼梯　lóutī　[名]
階段
- 录　lù　[動]
記録する、書き付ける、写し取る
- 略　lüè　[動]
省略する、簡略化する
- 旅馆　lǚguǎn　[名]
旅館
- 旅客　lǚkè　[名]
旅客
- 轮船　lúnchuán　[名]
汽船
- 论文　lùnwén　[名]
論文
- 落　luò　[動]
落ちる、落とす
- 萝卜　luóbo　[名]
大根
- 落后　luòhòu　[形]
落後する、遅れる、(思想や技術が)立ち遅れる
- 路上　lù shang　[名]
路上、道中、途中
- 旅途　lǚtú
旅行の途中、道中

- 路线　lùxiàn　[名]
道筋、道順、ルート、路線
- 录像　lù xiàng
録画する
- 陆续　lùxù　[副]
ひっきりなしに、続々と
- 录音机　lùyīnjī　[名]
テープレコーダー

M

- 骂　mà　[動]
罵る、叱る
- 马虎　mǎhu　[形]
いいかげんである
- 埋　mái　[動]
埋める、隠す、隠れる
- 迈　mài　[動]
足を踏み出す
- 买卖　mǎimai　[名]
商売、商い
- 马克　mǎkè　[名]
(ドイツの貨幣単位)マルク
- 马路　mǎlù　[名]
道路
- 馒头　mántou　[名]
マントウ
- 满足　mǎnzú　[動]
満足する、満たす、満足させる
- 猫　māo　[名]
猫
- 毛　máo　[名]
体毛、羽毛、かび
- 冒　mào　[動]

（煙や汗が）内から外へと出る
- 毛病　máobing　［名］
　故障、欠点、悪い癖
- 矛盾　máodùn　［形］
　矛盾している、つじつまが合わない
　［名］矛盾
- 毛巾　máojīn　［名］
　タオル
- 毛衣　máoyī　［名］
　セーター
- 贸易　màoyì　［名］
　貿易
- 码头　mǎtou　［名］
　埠頭、波止場
- 煤　méi　［名］
　石炭
- 每　měi　［副］
　〜するそのたびことに
- 美　měi　［形］
　美しい、きれいである
- 没错儿　méicuòr
　間違いない、確かである
- 美好　měihǎo　［形］
　美しい
- 美丽　měilì　［形］
　美しい
- 煤气　méiqì　［名］
　石炭ガス
- 没什么　méi shénme
　何でもない、構わない
- 没事儿　méi shìr
　用事がない
- 美术　měishù　［名］
　美術、アート

- 没用　méi yòng
　役に立たない
- 美元　měiyuán　［名］
　米ドル
- 梦　mèng　［名］
　夢
- 米　mǐ　［名］
　米、メートル
- 密　mì　［形］
　物と物との間隔が狭い、隙間が少ない
- 面　miàn　［名］
　顔、顔面
- 面　miàn　［量］
　平たいものを数える
- 棉花　miánhua　［名］
　綿、綿花
- 面积　miànjī　［名］
　面積
- 面貌　miànmào　［名］
　顔つき、様相
- 面前　miànqián　［名］
　目の前
- 棉衣　miányī　［名］
　綿入れの服
- 秒　miǎo　［名］
　秒
- 妙　miào　［形］
　よい、すばらしい、不思議なほど見事である、巧妙である
- 庙　miào　［名］
　廟
- 描写　miáoxiě　［動］
　描写する言葉を用いて描き出す

159

- □灭　miè　［動］
　（火や明かりが）消える、（火や明かりを）消す、なくなる、なくす
- □蜜蜂　mìfēng　［名］
　ミツバチ
- □秘密　mìmì　［名］
　秘密
　［形］　秘密である
- □名　míng　［名］
　名前、名目、名声、名誉
- □明亮　míngliàng　［形］
　明るい、きらきらと光っている
- □命令　mìnglìng　［動］
　命令する
　［名］　命令
- □明确　míngquè　［形］
　明確である、はっきりしている
　［動］　はっきりする
- □名胜　míngshèng　［名］
　旧跡や美しい景色のある場所、名勝地
- □明显　míngxiǎn　［形］
　はっきりしている、はっきり分かる
- □命运　mìngyùn　［名］
　運命、めぐり合わせ
- □民主　mínzhǔ　［名］
　民主
　［形］　民主的である
- □密切　mìqiè　［形］
　（関係が）密接である、細かく周到である
　［動］　密接にする
- □摸　mō　［動］
　手でさわる、動かす、手で探る
- □磨　mó　［動］
　摩擦する、研ぐ、磨く、苦しめる、悩ます、苦労する、手がかかる、消滅する、油を売る
- □模仿　mófǎng　［動］
　まねる、模倣する
- □墨水　mòshuǐ　［名］
　インク
- □某　mǒu　［名］　某
　ある（人）、ある（こと）
- □母　mǔ　［名］
　母親
　［形］　動物の雌
- □亩　mǔ　［名］
　土地面積の単位
- □木　mù　［名］
　木、樹木
- □目标　mùbiāo　［名］
　目標、標的
- □目的　mùdì　［名］
　目的
- □木头　mùtou　［名］
　木、丸太
- □模样　múyàng　［名］
　身なり、かっこう、容貌、様子

N

- □那边　nàbiān　［代］
　そちら、あちら
- □哪个　nǎge　［代］
　どの、どちら
- □奶奶　nǎinai　［名］
　おばあさん、父方の祖母

- □耐心 nàixīn ［形］
  辛抱強い
  ［名］辛抱
- □耐用 nàiyòng
  （物の）持ちがよい
- □南部 nánbù ［名］
  南部
- □难道 nándào ［副］
  まさか～ではあるまい
- □南方 nánfāng ［名］
  南の方
- □难过 nánguò ［動］
  生活に苦しむ
  ［形］つらい、悲しい
- □难看 nánkàn ［形］
  醜い、ぶざまである、体裁が悪い
- □南面 nánmiàn ［名］
  南、南の方
- □男人 nánrén ［名］
  男の人、成人男性
- □难受 nánshòu ［形］
  体の具合が悪い、（精神的に）つらい
- □闹 nào ［形］
  騒がしい、やかましい
  ［動］
  騒ぐ、けんかする、（ある感情を）発散する、（病気に）なる、（災害やよくないことが）起こる、する、やる
- □脑袋 nǎodai ［名］
  頭
- □脑子 nǎozi ［名］
  脳、頭脳、知能
- □哪怕 nǎpà ［接］
  たとえ～であっても
- □哪些 nǎxiē ［代］
  どのような、どんな
- □内部 nèibù ［名］
  内側、内部
- □能干 nénggàn ［形］
  才能がある、仕事ができる
- □能力 nénglì ［名］
  能力
- □能源 néngyuán ［名］
  エネルギー源
- □泥 ní ［名］
  泥
- □年代 niándài ［名］
  時代、年代
- □年龄 niánlíng ［名］
  年齢
- □年青 niánqīng ［形］
  年が若い
- □鸟 niǎo ［名］
  鳥
- □扭 niǔ ［動］
  振り返る、ねじる、（筋を）くじく、（体を）くねらせる
- □浓 nóng ［形］
  濃い、（程度が）深い
- □弄 nòng ［動］
  いじる、やる
- □暖 nuǎn ［形］
  暖かい
- □暖气 nuǎnqì ［名］
  （温水または蒸気による）暖房
- □女人 nǚrén ［名］

女の人、成人女性
□女士　nǚshì　[名]
女性に対する尊称

P

□怕　pà　[副]
おそらく
□排　pái　[動]
（一つ一つ）並べる、並ぶ、リハーサルを行う、取り除く、のける
□排　pái　[名]
軍隊の編成単位、いかだ状のもの、（洋菓子の）パイ
[量]　並んだものを数える
□牌　pái　[名]
看板、木などでできた札、商標、ブランド、カルタなどの札
□盘　pán　[名]
お盆、商品の相場
[量]
皿に盛った料理などを数える
□判断　pànduàn　[動]
判断する、断定する
[名]　判断
□旁　páng　[名]
そば、漢字の偏
□胖　pàng　[形]
太っている
□盼望　pànwàng　[動]
望む、待ち望む
□盘子　pánzi　[名]
お盆、大皿
□炮　pào　[名]

大砲、爆竹
□陪　péi　[動]
付き添う、同行する
□赔　péi　[動]
弁償する、わびる、謝罪する
□配合　pèihé　[動]
協力して共通の任務を行う
□喷　pēn　[動]
噴き出す、吹きかける
□盆　pén　[名]
ボウル
□捧　pěng　[動]
両手で捧げ持つ、抱える、おだてる
□碰见　pèng jiàn
偶然出会う
□批　pī　[量]
大口の商品やひとまとまりの人を数える
□披　pī　[動]
はおる、肩にかける、（木や竹などが）裂ける、割れる
□皮　pí　[名]
皮、皮膚、皮革、毛皮
□匹　pǐ　[量]
（ウマやロバなどを数える）頭、反物を数える
□偏　piān　[副]
あいにく、都合悪く
□骗　piàn　[動]
だます、騙し取る、ごまかして取る
□片面　piànmiàn　[形]
一方的である、一方に偏っている
□飘　piāo　[動]
（風にのって）漂う、舞う

- 皮肤　pífū　[名]
  皮膚、肌
- 疲劳　píláo　[動]
  疲れている　[名]　疲労
- 平　píng　[形]
  表面が平らである、同じ高さである、対等である、優劣がない
  [動]
  平らにする、（気持ちを）穏やかにする
- 平安　píng'ān　[形]
  平安である、無事である
- 平常　píngcháng　[名]
  平時、ふだん
  [形]　普通である
- 平等　píngděng　[形]
  平等である、対等である
  [名]　平等
- 平方　píngfāng　[名]
  平方、自乗、2乗
- 平静　píngjìng　[形]
  （心や身の回りの環境が）落ち着いている、穏やかである
- 平均　píngjūn　[動]
  平均にする
  [形]　平均的である
- 乒乓球　pīngpāngqiú　[名]
  卓球、卓球の玉
- 平时　píngshí　[名]
  ふだん、平時
- 平原　píngyuán　[名]
  平原
- 瓶子　píngzi　[名]
  瓶

- 拼命　pīn mìng
  命がけでやる、命を投げ出す
- 品种　pǐnzhǒng　[名]
  品種、製品の種類
- 批判　pīpàn　[動]
  批判する
- 脾气　píqi　[名]
  気立て、性格、怒りっぽい性格、短気な性格
- 批准　pīzhǔn　[動]
  （上の者が下の者の意見や要求に対して）同意する、許可する
- 坡　pō　[名]
  坂
- 破坏　pòhuài　[動]
  破壊する、（抽象的なものを）損なう
- 迫切　pòqiè　[動]
  差し迫っている、切実である
- 扑　pū　[動]
  飛びかかる、突き進む、体あたりする、（仕事や事業に）全力を捧げる、はく
- 铺　pū　[動]
  敷く、のばす
- 普遍　pǔbiàn　[形]
  普遍的である、一般的である
- 朴素　pǔsù　[形]
  （色や様式が）派手でない、素朴である
- 普通　pǔtōng　[形]
  一般的である、普通である

Q

- 期 qī ［名］
  決められた日、期日、期間
  ［量］（定期刊行物の号数）号
- 齐 qí ［形］
  そろっている、整っている
  ［動］～と同じ高さになる
- 气 qì ［動］
  怒る、怒らせる
- 牵 qiān ［動］
  （手や家畜を）引く、関係する
- 欠 qiàn ［動］
  借りがある、借金をする、欠ける、
  伸び上がる、つま先立つ
- 签订 qiāndìng ［動］
  調印する、締結する
- 枪 qiāng ［名］
  槍、銃
- 强 qiáng ［形］
  力が強い、能力が高い
- 抢 qiǎng ［動］
  奪う、横取りする、先を争う、急いで行う
- 强大 qiángdà ［形］
  強大である、強力である
- 强盗 qiángdào ［名］
  強盗
- 强调 qiángdiào ［動］
  強調する
- 强度 qiángdù ［名］
  強さ
- 强烈 qiángliè ［形］
  （光線や色彩、感情などが）強烈である、激しい、強い
- 前进 qiánjìn ［動］
  前進する、発展する
- 前面 qiánmian ［名］
  前、前方、先
- 前年 qiánnián ［名］
  一昨年
- 前天 qiántiān ［名］
  おととい
- 前途 qiántú ［名］
  前途、将来
- 千万 qiānwàn ［副］
  是非とも、どんなことがあっても、きっと
- 敲 qiāo ［動］
  たたく、ゆする
- 瞧 qiáo ［動］
  見る
- 巧 qiǎo ［形］
  （手が）器用である、（口が）うまい、ちょうどよい、おりよく、うわべだけである、実がない
- 桥梁 qiáoliáng ［名］
  橋、橋渡し、架橋
- 巧妙 qiǎomiào ［形］
  巧妙である
- 悄悄 qiāoqiāo ［副］
  ひっそりと、こっそりと
- 其次 qícì ［名］
  その次、2番目
- 切 qiē ［動］
  （刃物で）切る
- 且 qiě ［副］
  しばらく、ひとまず

[接] 〜でさえ
□启发 qǐfā [動]
啓発する、導く
[名] 示唆
□奇怪 qíguài [形]
変わっている、奇妙である
□气候 qìhòu [名]
気候、天候
□期间 qījiān [名]
期間
□亲爱 qīn'ài [形]
親愛な
□青 qīng [形]
青い、緑色である
□清 qīng [形]
澄んである、にごりがない
[動] きれいさっぱりする
□情景 qíngjǐng [名]
情景、光景
□请客 qǐng kè
客を招待する
□请求 qǐngqiú [動]
頼む、申請する
[名] 願い
□轻松 qīngsōng [形]
気楽である、気軽である
□情形 qíngxíng [名]
様子
□情绪 qíngxù [名]
気持
□庆祝 qìngzhù [動]
祝う
□侵略 qīnlüè [動]
侵略する

□亲戚 qīnqi [名]
親戚
□亲切 qīnqiè [形]
親しみがある、親しい、心がこもっている
□亲自 qīnzì [副]
自ら、自分で
□穷 qióng [形]
貧しい、貧乏である、尽きる、なくなる
□欺骗 qīpiàn [動]
だます
□其他 qítā [代]
別の、そのほかの
□其它 qítā [代]
別の、そのほかの
□企图 qǐtú [動]
謀る、もくろむ
[名] たくらみ
□求 qiú [動]
求める、頼む、要求する、追求する
□球场 qiúchǎng [名]
球技場、コート
□气温 qìwēn [名]
気温、温度
□气象 qìxiàng [名]
気象、天気、様子
□企业 qǐyè [名]
企業
□汽油 qìyóu [名]
ガソリン
□其余 qíyú [名]
余り、その残り
□其中 qízhōng [名]

165

その中、そのうち
- 妻子 qīzi ［名］
  妻
- 旗子 qízi ［名］
  旗
- 区 qū ［名］
  区、地域
- 渠 qú ［名］
  水路
- 取 qǔ ［動］
  取る、受け取る、採用する、選ぶ
- 圏 quān ［名］
  図形や物の形としての丸、円、輪、範囲
  ［動］
  囲いを付ける、囲む、丸を書く、丸をつける
- 劝 quàn ［動］
  勧める、忠告する、
- 全面 quánmiàn ［形］
  全部、全面的である、全般的である
- 区别 qūbié ［動］
  区別する、分ける
  ［名］ 区別
- 缺 quē ［動］
  欠ける、足りない
- 却 què ［副］
  〜なのに、〜だけれども
- 缺点 quēdiǎn ［名］
  欠点、短所
- 确定 quèdìng ［形］
  明確である、確定である
- 缺乏 quēfá ［動］
  （必要なもの、あるべきものが）欠けている、足りない
  ［形］ 乏しい
- 缺少 quēshǎo ［動］
  不足する
- 群 qún ［量］
  群れをなしている人・動物・事物を数える
- 群众 qúnzhòng ［名］
  大衆
- 裙子 qúnzi ［名］
  スカート
- 取消 qǔxiāo ［動］
  取り消す、廃止する

R

- 染 rǎn ［動］
  染める、病気や悪習に感染する
- 然而 rán'ér ［接］
  しかし
- 嚷 rǎng ［動］
  大声でわめく、騒ぐ
- 燃烧 ránshāo ［動］
  燃える
- 绕 rào ［動］
  巻く、巻きつける、回る、回り道をする
- 惹 rě ［動］
  （よくない結果を）引き起こす、怒らせる、気にさわる、（感情を）起こさせる
- 热爱 rè'ài ［動］
  熱愛する
- 热烈 rèliè ［形］

熱烈である
- 忍　rěn　[動]
耐える、我慢する、心を鬼にする
- 认　rèn　[動]
見分ける、知っている、関わりのない人と関係を結ぶ
- 热闹　rènao　[形]
にぎやかである
[動] にぎやかにすごす
- 人才　réncái　[名]
人材
- 认得　rènde　[動]
知っている、覚えている
- 扔　rēng　[動]
放り投げる、捨てる
- 仍　réng　[副]
依然として、やはり
- 人工　réngōng　[名]
人工的な、人力による
- 仍然　réngrán　[副]
依然として、やはり
- 人家　rénjiā　[名]
人家、世帯、家庭
- 人口　rénkǒu　[名]
人口、世帯の人数
- 人类　rénlèi　[名]
人類
- 人民币　rénmínbì　[名]
人民元
- 人物　rénwù　[名]
人物、芸術作品の中の登場人物
- 任务　rènwù　[名]
任務、課題
- 人员　rényuán　[名]

人員、職員、要員
- 人造　rénzào　[形]
人造の
- 热水瓶　rèshuǐpíng　[名]
魔法瓶、ボット
- 热心　rèxīn　[形]
熱心である、熱意を持っている、親切である
- 日常　rìcháng　[形]
日常の、日々の
- 日程　rìchéng　[名]
日程
- 日记　rìjì　[名]
日記
- 日期　rìqī　[名]
期日、日付
- 日用品　rìyòngpǐn　[名]
日用品
- 日元　rìyuán　[名]
日本円
- 如　rú　[動]
～にかなう、～に合う、～のようである、～の如くである、及ぶ
- 如　rú　[接]
たとえば
- 入　rù　[動]
入る、加入する、～に合致する、～に合う
- 软　ruǎn　[形]
（物体が）柔らかい、柔和である、優しい、ふらふらする、動揺しやすい
- 如果　rúguǒ　[接]
もしも～ならば

167

□如何 rúhé ［代］
いかが
□如今 rújīn ［名］
この頃、当世
□弱 ruò ［形］
（気力や体力が）弱い、若い、劣る

S

□撒 sā ［動］
（力を入れて外へ向かった）放つ、打つ、思う存分にやる
□洒 sǎ ［動］
まく、こぼす、こぼれる
□赛 sài ［動］
競う、競技する、～に勝る
□伞 sǎn ［名］
傘
□嗓子 sǎngzi ［名］
声、のど
□扫 sǎo ［動］
掃く、取り除く、ちらっと見る、さっと見る
□嫂子 sǎozi ［名］
兄嫁
□色 sè ［名］
色、顔色、表情、品質、景色、美貌
□森林 sēnlín ［名］
森、森林
□杀 shā ［動］
殺す、和らげる、消す、減らす、（薬などが）しみて痛い
□傻 shǎ ［形］
愚かである

□沙发 shāfā ［名］
ソファー
□晒 shài ［動］
太陽に干す
□沙漠 shāmò ［名］
砂漠
□闪 shǎn ［動］
よける、身をかわす、突然現れる、きらきら光る
□伤 shāng ［名］
けが
［動］
傷つける、害する、食べ飽きる
□上班 shàng bān
出勤する、勤務する
□商场 shāngchǎng ［名］
商店
□上当 shàng dàng
騙される
□上级 shàngjí ［名］
上級部門、上司
□商量 shāngliang ［動］
相談する、協議うる
□上面 shàngmian ［名］
上の方、（順序の）先、前、（物の）表、表面、方面、上司
□商品 shāngpǐn ［名］
商品
□伤心 shāng xīn
悲しむ、悲しませる
□商业 shāngyè ［名］
商業
□上衣 shàngyī ［名］
上半身に着る服

□山脉　shānmài　[名]
　山脈
□山区　shānqū　[名]
　山地
□善于　shànyú　[動]
　〜にたけている、〜が得意だ
□烧　shāo　[動]
　焼く、焼ける、燃える、燃やす、炊く、沸かす、熱が出る
□稍　shāo　[副]
　少し、やや
□少年　shàonián　[名]
　少年
□少数　shǎoshù　[名]
　少数
□稍微　shāowēi　[副]
　少し、やや
□勺子　sháozi　[名]
　杓子
□沙子　shāzi　[名]
　砂
□蛇　shé　[名]
　へび
□射　shè　[動]
　発射する、放射する
□设备　shèbèi　[名]
　設備
□设计　shèjì　[動]
　設計する
　[名]　設計
□身　shēn　[名]
　身体、体、生命、自己
　[量]　衣服を数える
□伸　shēn　[動]
　伸ばす、突き出す
□神　shén　[名]
　神、精神、精力、表情、顔つき
□身边　shēnbiān　[名]
　身辺、身近
□生　shēng　[動]
　生む、産む、生まれる、(生物、植物が)成長する、育つ、生きる、生きている、生じる、発生する、(火を)起こす
□生　shēng　[形]
　熟していない、加工していない、慣れない、よく知らない
□升　shēng　[動]
　昇る、上がる
□省　shěng　[動]
　節約する、切り詰める、省略する、省く
□胜　shèng　[動]
　勝つ、打ち勝つ、(〜よりも)優れている、勝る
□生动　shēngdòng　[形]
　生き生きしている
□生命　shēngmìng　[名]
　生命
□生气　shēngqì
　怒る、腹を立てる
□生物　shēngwù　[名]
　生物
□生意　shēngyi　[名]
　商売、商い
□生长　shēngzhǎng　[動]
　成長する、生まれ育つ
□绳子　shéngzi　[名]
　縄、ひも

□深厚 shēnhòu ［形］
深い、厚い
□神经 shénjīng ［名］
神経
□深刻 shēnkè ［形］
深い、深く心に触れる
□什么的 shénmede ［代］
など
□深入 shēnrù ［動］
深く入り込む、深く掘り下げる、深い、深く掘り下げている
□舌头 shétou ［名］
舌
□诗 shī ［名］
詩
□湿 shī ［形］
湿っている、濡れている
□拾 shí ［動］
拾う
□使 shǐ ［動］
派遣する、使いになる、使う、使用する、～させる
□室 shì ［名］
部屋、室
□失败 shībài ［動］
負ける、敗北する、失敗する
［名］ 失敗
□市场 shìchǎng ［名］
市場（いちば）、市場、マーケット
□时代 shídài ［名］
歴史上の一時代、人生の一時期
□适当 shìdàng ［形］
適切である、ふさわしい、妥当である

□施工 shī gōng
施工する、工事する
□适合 shìhé ［動］
適合する、ちょうど合う
□实际 shíjì ［名］
実際、現実
［形］ 実際的である
□世纪 shìjì ［名］
世紀
□事件 shìjiàn ［名］
事件、事柄
□试卷 shìjuàn ［名］
答案、試験用紙
□时刻 shíkè ［名］
（ある特定の）時期
□食品 shípǐn ［名］
食品
□时期 shíqī ［名］
（ある特定の）時期
□失去 shīqù ［動］
失う
□事实 shìshí ［名］
事実
□实事求是 shí shì qiú shì
事実に即して問題を処理する
□石头 shítou ［名］
石
□失望 shīwàng ［動］
失望する、がっかりする
［形］ 失望的である
□食物 shíwù ［名］
食べ物
□事物 shìwù ［名］
物事、事物

□事先　shìxiān　［名］
　事前に、前もって
□实行　shíxíng　［動］
　実行する
□实验　shíyàn　［動］
　実験する
　［名］実験
□试验　shìyàn　［動］
　試験する、実験する
　［名］試験
□失业　shī yè
　失業する
□事业　shìyè　［名］
　事業
□适应　shìyìng　［動］
　適応する、応じる
□实用　shíyòng　［形］
　実用的である
□适用　shìyòng　［動］
　使用に適する、使える
□石油　shíyóu　［名］
　石油
□实在　shízài　［形］
　本物である、うそ偽りがない、真面目である
□始终　shǐzhōng　［副］
　終始、始めから終りまで
□狮子　shīzi　［名］
　ライオン
□首　shǒu　［名］
　頭、第一の、最高の、リーダ、最初、一番始め
　［量］詩や歌を数える
□受　shòu　［動］
　受ける、こうむる、耐える
□瘦　shòu　［形］
　やせている
□手段　shǒuduàn　［名］
　手段、手だて
□手工　shǒugōng　［名］
　手仕事、細工
□收获　shōuhuò　［動］
　（農作物を）収穫する
　［名］成果
□手绢　shǒujuàn　［名］
　ハンカチ
□收入　shōurù　［動］
　受け入れる、収容する
　［名］収入、所得
□手术　shǒushù　［名］
　手術
□手套　shǒutào　［名］
　手袋
□首先　shǒuxiān　［副］
　真っ先に、第一に、まず最初に
□手续　shǒuxù　［名］
　手続き
□收音机　shōuyīnjī　［名］
　ラジオ
□手指　shǒuzhǐ　［名］
　手の指
□数　shù　［名］
　数
□刷　shuā　［動］
　（刷毛で）磨く
□摔　shuāi　［動］
　転ぶ、落ちる、投げつける
□甩　shuǎi　［動］

振り回す、投げる、ほうる、振り捨てる、置き去りにする
□率领　shuàilǐng　［動］
引き連れる
□双方　shuāngfāng　［名］
双方
□书包　shūbāo　［名］
かばん
□蔬菜　shūcài　［名］
野菜
□书店　shūdiàn　［名］
本屋、書店
□水稻　shuǐdào　［名］
水稲
□水泥　shuǐní　［名］
セメント
□书记　shūjì　［名］
書記
□书架　shūjià　［名］
書架、本棚
□暑假　shǔjià　［名］
夏休み
□熟练　shúliàn　［形］
経験があり慣れている、熟練している
□数量　shùliàng　［名］
数、数量
□树林　shùlín　［名］
林
□顺　shùn　［動］
従う、沿う、そろえる、整える、服従する、気に入る
□顺便　shùnbiàn　［副］
ついでに

□顺利　shùnlì　［形］
順調である、スムーズである
□舒适　shūshì　［形］
のびのびして快適である
□叔叔　shūshu　［名］
おじ、父の弟、父と同世代で父より若い男性に対する呼称
□熟悉　shúxī　［動］
よく知っている
□属于　shǔyú　［動］
〜に属する、〜のものである
□数字　shùzì　［名］
数字
□丝　sī　［名］
生糸、絹糸、糸状のもの
□私　sī　［形］
私的な、利己的な、ひそかな、非合法な
［名］（公に対する）私
□撕　sī　［動］
引き裂く、引き剥がす
□似乎　sìhū　［副］
〜のようだ、〜らしい
□司机　sījī　［名］
運転手
□私人　sīrén　［形］
個人的な、プライベートな、私的な、民間の
［名］個人
□松　sōng　［形］
きつくない、緩い、経済的にゆとりがある、柔らかい、もろい
［動］緊張を緩める、放つ
□送行　sòngxíng　［動］

見送る、送別する
- □ 算了　suànle
やめにする、よす
- □ 速度　sùdù　[名]
速度
- □ 随　suí　[動]
〜に従う、ついて行く
[前]　〜と同時に
- □ 碎　suì　[動]
砕ける、粉粉になる、砕く、粉砕する、不完全である、ばらばらである、くどくどしている
- □ 随便　suíbiàn　[形]
随意である、自由である、勝手である、気ままである
- □ 随时　suíshí　[副]
常に、いつでも、随時
- □ 塑料　sùliào　[名]
プラスチック
- □ 损失　sǔnshī　[動]
損をする
[名]　損失
- □ 缩　suō　[動]
縮む、ひっこめる
- □ 所　suǒ　[名]
ところ、場所
[量]　家屋を数える
- □ 所　suǒ　[助]
（動詞の前に置いて）〜するところの、〜に〜される
- □ 所谓　suǒwèi　[形]
いわゆる、言うところの、(ある人が)言うところの

T

- □ 塔　tǎ　[名]
塔、タワー
- □ 台　tái　[名]
高く見晴らしのきく建物、演壇
[量]　機械を数える
- □ 太太　tàitai　[名]
奥さん、夫人
- □ 弹　tán　[動]
（指で）はじく、はじき出す、（楽器を）弾く、（繊維を）ふわふわさせる
- □ 探　tàn　[動]
探す、上体を前に乗り出す
- □ 烫　tàng　[動]
やけどする、熱くする、温める、パーマをかける、（物体の温度が）熱い、（焼けつくように）熱い
- □ 趟　tàng　[量]
行き来した回数を数える、回、度、列車の発着回数を数える
- □ 谈话　tánhuà
話をする
- □ 谈判　tánpàn　[動]
談判する、話し合いをする
- □ 毯子　tǎnzi　[名]
毛布
- □ 掏　tāo　[動]
（手や道具を使って中から物を）取り出す、穴を掘る
- □ 逃　táo　[動]
逃げる、避ける、のがれる
- □ 套　tào　[量]
セットになっているものを数える

[動]
（外側に）かぶせる、(外側を）覆う、（外側に）つける、模倣する、当てはめる
- 讨厌　tǎoyàn　[形]
嫌である、煩わしい、厄介だ
[動]　嫌がる、嫌う
- 特此　tècǐ　[副]
特にここに
- 特点　tèdiǎn　[名]
特徴、特色
- 特殊　tèshū　[形]
特殊である
- 题　tí　[名]
題目、問題、テーマ
- 替　tì　[動]
代わる
[前]　～のために
- 添　tiān　[動]
付け加える、増やす、加える
- 田　tián　[名]
田、畑
- 甜　tián　[形]
甘い、心地よい様子のたとえ
- 填　tián　[動]
埋める、書き入れる
- 田野　tiányě　[名]
田畑や野原
- 天真　tiānzhēn　[形]
無邪気である
- 挑　tiāo　[動]
担ぐ、いくつかの中から選ぶ、(欠点を）指摘する
- 条约　tiáoyuē　[名]

条約
- 调整　tiáozhěng　[動]
調整する
- 提倡　tíchàng　[動]
推奨する、呼びかける
- 贴　tiē　[動]
貼る、貼り付ける
- 铁　tiě　[動]
確固たる、揺るぎない
- 铁路　tiělù　[名]
鉄道
- 提供　tígōng　[動]
(意見、資料、物質などを）提供する、供給する
- 体会　tǐhuì　[動]
体得する、会得する
[名]　体得
- 体积　tǐjī　[名]
体積
- 题目　tímù　[名]
題目
- 听讲　tīng jiǎng
講演などを聴く
- 停止　tíngzhǐ　[動]
停止する、やめる
- 提前　tíqián　[動]
(予定、時間を）繰り上げる、早める
- 体系　tǐxì　[名]
システム、体系
- 体育场　tǐyùchǎng　[名]
運動場
- 体育馆　tǐyùguǎn　[名]
体育館

□ 同 tóng ［形］
同じである
□ 同 tóng ［前］
～と
［接］ ～と
□ 铜 tóng ［名］
銅
□ 桶 tǒng ［名］
桶
□ 痛 tòng ［動］
痛む、心を痛める、苦悩する、思いきり
□ 痛苦 tòngkǔ ［形］
（精神的、肉体的に）苦しい、苦痛である
□ 同情 tóngqíng ［動］
同情する、共感する
□ 同屋 tóngwū ［名］
ルームメート
［動］ 同じ部屋に住んでいる
□ 通讯 tōngxùn ［動］
通信する
□ 同样 tóngyàng ［形］
同様である、差がない
［接］ 同様に
□ 统一 tǒngyī ［動］
統一する、一つにする
［形］ 統一な、全体的な
□ 统治 tǒngzhì ［動］
統治する、支配する
□ 偷 tōu ［動］
盗む、暇を見つける、人目をしのんで、こっそりと
□ 头 tóu ［形］

第1の、初めの
□ 投 tóu ［動］
（目標に向かって）投げる、投げ込む、入れる、（手紙、手稿などを）送る、合う、合わせる、投合する
□ 透 tòu ［動］
（光線、液体、気体が）通る、通す、しみ通る、こっそり告げる、漏らす、現れる、あらわにする
□ 头发 tóufa ［名］
頭髪
□ 投入 tóurù ［動］
ある状態になる、投じる
［名］ 投入
□ 偷偷 tōutōu ［副］
こっそりと
□ 图 tú ［名］
図、絵
［動］ 計画する、企む、むさぼる
□ 涂 tú ［動］
塗る、塗りたくる、書きなぐる、消す
□ 土 tǔ ［名］
土、土地、その土地の
□ 吐 tǔ ［動］
吐き出す、（穂が）出る、話す
□ 吐 tù ［動］
もどす、嘔吐する
□ 团 tuán ［形］
丸い
［名］
団子、球形の物、団体、軍隊の連隊
［動］ 丸める、集まる
□ 突出 tūchū ［動］

突破する、強調する
［形］飛び出ている、目立っている
☐土地　tǔdì　［名］
土地、田畑
☐土豆　tǔdòu　［名］
ジャガイモ
☐推动　tuīdòng　［動］
推進する
☐推广　tuīguǎng　［動］
普及させる
☐突击　tūjī　［動］
突撃する、短期間に集中的にやり遂げること
☐托　tuō　［動］
両手にのせる、人に託す、口実にする、頼る
☐拖　tuō　［動］
引っ張る、体の後ろに垂らす、引きずる、時間を引き延ばす、遅らせる
☐脱离　tuōlí　［動］
離脱する
☐兔子　tùzi　［名］
ウサギ

W

☐挖　wā　［動］
掘り起こす
☐哇　wa　［助］
語気助詞 a が直前の u、ao、ou の音に影響される時の漢字
☐歪　wāi　［形］
まっすぐでない、傾いている、正しくない、悪い

☐外地　wàidì　［名］
よその土地
☐外交　wàijiāo　［名］
外交、人付き合い
☐外面　wàimian　［名］
外、外面
☐弯　wān　［動］
曲げる
☐望　wàng　［動］
遠くを見る、見渡す
☐忘记　wàngjì　［動］
忘れる
☐网球　wǎngqiú　［名］
テニス、テニスボール
☐往往　wǎngwǎng　［副］
往々にして、ややもすれば
☐完整　wánzhěng　［形］
完全である
☐围　wéi　［動］
取り囲む
☐未　wèi　［副］
まだ～しない、ない
☐胃　wèi　［名］
胃
☐喂　wèi　［動］
動物に餌をやる、飼育する、（口まで持っていって）食べさせる
☐尾巴　wěiba　［名］
動物のしっぽ
☐味道　wèidao　［名］
味、味わい
☐违反　wéifǎn　［動］
違反する
☐危害　wēihài　［動］

危害を与える
[名] ダメージ、損害
☐维护　wéihù　[動]
擁護する、守る
☐危机　wēijī　[名]
危機、恐慌
☐未来　wèilái　[名]
今後、未来、将来
☐围绕　wéirào　[動]
めぐる、中心とする
☐卫生　wèishēng　[形]
衛生的である
[名] 衛生
☐微笑　wēixiào　[動]
微笑する、微笑む
☐卫星　wèixīng　[名]
衛星、人工衛星
☐委员　wěiyuán　[名]
委員
☐位置　wèizhi　[名]
位置、地位
☐闻　wén　[動]
聞く、聞こえる、においをかぐ
☐稳　wěn　[形]
しっかりしている、安定している
☐稳定　wěndìng　[形]
安定している、落ち着いている
☐温度　wēndù　[名]
温度
☐问候　wènhòu　[動]
安否を尋ねたり、ご機嫌伺いをしたり、よろしく言う時などに用いる
☐文件　wénjiàn　[名]
公文書

☐文明　wénmíng　[名]
文明、文化
[形] 文化的である
☐温暖　wēnnuǎn　[形]
暖かい、温暖である
[動] 温める
☐文物　wénwù　[名]
文物、文化遺産、文化財
☐文学　wénxué　[名]
文字、文章
☐握　wò　[動]
握る、手でつかむ
☐屋　wū　[名]
家屋、部屋
☐无　wú　[動]
ない
☐雾　wù　[名]
霧
☐误会　wùhuì　[動]
思い違いをする、誤解する
[名] 誤解
☐物价　wùjià　[名]
物価
☐无论　wúlùn　[接]
～問わず、どうあろうとも
☐武器　wǔqì　[名]
武器、兵器
☐污染　wūrǎn　[動]
汚染する
☐无数　wúshù　[形]
数え切れない、無数である
☐武术　wǔshù　[名]
武術
☐无限　wúxiàn　[形]

177

無限である、限りない
- 物质　wùzhì　[名]
  物質、金銭や物品

X

- 吸　xī　[動]
  吸う、吸収する、吸い取る
- 戏　xì　[名]
  遊び、劇、曲芸
- 吓　xià　[動]
  びっくりさせる
- 下班　xià bān
  勤めが引ける、退勤する
- 下面　xiàmian　[名]
  下、下の方、（時間、順番が）次
- 掀　xiān　[動]
  開ける、めくる、（波・運動・議論などが）巻き起こる
- 鲜　xiān　[形]
  （食品などが）新しい、鮮やかである、味がよい、おいしい
- 闲　xián　[形]
  暇である、用事がない
- 县　xiàn　[名]
  県
- 线　xiàn　[名]
  糸、線
- 献　xiàn　[動]
  捧げる
- 现代化　xiàndàihuà　[名]
  近代化、現代化
- 显得　xiǎnde　[動]
  〜に見える、〜の様子だ
- 乡　xiāng　[名]
  村、田舎、故郷、郷
- 相　xiāng　[副]
  お互いに
- 项　xiàng　[量]
  項目や種類に分けたものを数える
- 像　xiàng　[名]
  写真
- 香肠　xiāngcháng　[名]
  ソーセージ
- 相当　xiāngdāng　[形]
  （数量や条件に）ほとんど差がない、程度が比較的高い
- 想法　xiǎngfǎ　[名]
  考え方、意見
- 相反　xiāngfǎn　[形]
  相反している、反対だ、逆に
- 相互　xiānghù　[形]
  相互の、相互に
- 项目　xiàngmù　[名]
  項目、プロジェクト
- 想念　xiǎngniàn　[動]
  （故郷や離れた人を）思う、しのぶ
- 享受　xiǎngshòu　[動]
  享受する
  [名] 享楽
- 相似　xiāngsì　[形]
  似ている
- 相同　xiāngtóng　[形]
  同じだ
- 详细　xiángxì　[形]
  詳しい、詳細である
- 乡下　xiāngxià　[名]
  田舎

- □想像　xiǎngxiàng　[動]
想像する
- □响应　xiǎngyìng　[動]
（呼びかけ、提唱に）答える、応じる
- □香皂　xiāngzào　[名]
化粧石鹸
- □箱子　xiāngzi　[名]
（大きい）箱、ケース
- □先后　xiānhòu　[名]
前と後ろ
[副]　前後して
- □鲜花　xiānhuā　[名]
生花、切り花
- □先进　xiānjìn　[形]
進んでいる
- □羡慕　xiànmù　[動]
羨望する、うらやむ
- □显然　xiǎnrán　[形]
明らかである
- □现实　xiànshí　[名]
現実
- □纤维　xiānwéi　[名]
繊維
- □现象　xiànxiàng　[名]
現象
- □限制　xiànzhì　[動]
制限する、規制する、制約する
[名]　制限
- □显著　xiǎnzhù　[形]
はっきりしている
- □晓得　xiǎode　[動]
分かっている
- □消费　xiāofèi　[動]
消費する
- □效果　xiàoguǒ　[名]
効果、効果音
- □消化　xiāohuà　[動]
消化する、理解する
- □笑话　xiàohua　[名]
笑い話
[動]　人を笑いものにする
- □小伙子　xiǎohuǒzi　[名]
若い男
- □效率　xiàolǜ　[名]
効率
- □小麦　xiǎomài　[名]
コムギ
- □消灭　xiāomiè　[動]
滅びる、消滅する、消滅させる
- □小朋友　xiǎopéngyou　[名]
児童、子供への呼びかけに使う
- □消失　xiāoshī　[動]
なくなる、消え失せる
- □小说　xiǎoshuō　[名]
小説
- □小心　xiǎoxīn　[形]
注意深い、用心深い
[動]　注意する
- □小学　xiǎoxué　[名]
小学校
- □校长　xiàozhǎng　[名]
校長、学長
- □西北　xīběi　[名]
北西、西北
- □西部　xībù　[名]
西部
- □西餐　xīcān　[名]

洋食
- 歇 xiē ［動］
休憩する、停止する
- 斜 xié ［形］
斜めである
- 血 xiě ［名］
血
- 西方 xīfāng ［名］
西の方、西、欧米諸国（特に資本主義諸国をいう）
- 西瓜 xīguā ［名］
スイカ
- 西红柿 xīhóngshì ［名］
トマト
- 细菌 xìjūn ［名］
細菌
- 西面 xīmiàn ［名］
西の方、西側
- 信 xìn ［動］
信じる
- 西南 xīnán ［名］
南西、西南、中国の西南地区
- 心得 xīndé ［名］
会得
- 行 xíng ［名］
行為、旅
- 醒 xǐng ［動］
（酔いや麻酔から）覚める、意識を取り戻す
- 性 xìng ［名］
性格、性別、性、傾向、～性
- 形成 xíngchéng ［動］
形成する、形作る
- 行动 xíngdòng ［動］

行動する、行う、動く
［名］ 行動
- 兴奋 xīngfèn ［動］
興奮する
- 性格 xìnggé ［名］
性格
- 行李 xíngli ［名］
荷物
- 姓名 xìngmíng ［名］
姓名
- 兴趣 xìngqù ［名］
興味、関心
- 形容 xíngróng ［動］
形容する
- 形式 xíngshì ［名］
形式
- 形势 xíngshì ［名］
地勢、地形
- 形象 xíngxiàng ［名］
形象、イメージ
［形］ 生き生きしている
- 星星 xīngxīng ［名］
星
- 性质 xìngzhì ［名］
性質
- 形状 xíngzhuàng ［名］
物の形、外観
- 心情 xīnqíng ［名］
気分、気持ち、心情
- 新鲜 xīnxiān ［形］
新しい、新鮮である、出来事が起こったばかりで目新しい
- 信心 xìnxīn ［名］
自信

180

□心脏　xīnzàng　［名］
心臓、中心部
□胸　xiōng　［名］
胸、心の内、心中
□雄　xióng　［名］
雄の
□兄弟　xiōngdì　［名］
兄弟、弟、自分より年下の男性に対する呼称、同世代の人や大衆に向かって、自分を謙遜して言う言い方
□熊猫　xióngmāo　［名］
パンダ
□雄伟　xióngwěi　［形］
雄大である、壮大である
□牺牲　xīshēng　［動］
正義のために命を捧げる、（時間やお金を）犠牲にする
□吸收　xīshōu　［動］
吸収する、吸い込む
□系统　xìtǒng　［名］
系統、システム
□修　xiū　［動］
飾る、整える、修理する、直す、修める、修業する、建造する、建築する
□修改　xiūgǎi　［動］
改正する、改訂する
［名］　修正
□修理　xiūlǐ　［動］
修理する、修繕する
□细心　xìxīn　［形］
注意深い、細かいところまで気がつく
□吸烟／抽烟　xī yān／chōu yān

タバコを吸う
□洗衣机　xǐyījī　［名］
洗濯機
□吸引　xīyǐn　［動］
（人の注意や関心などを）引き付ける
□许　xǔ　［動］
ほめる、賞賛する、承諾する、承知する、嫁がせる、許す、許可する
［副］　あるいは～かもしれない
□选　xuǎn　［動］
選ぶ、選択する、選挙する
□宣布　xuānbù　［動］
宣言する、公布する
□宣传　xuānchuán　［動］
宣伝する
［名］　宣伝
□选举　xuǎnjǔ　［動］
選挙する
［名］　選挙
□选择　xuǎnzé　［動］
選択する
□学　xué　［名］
～学
□学费　xuéfèi　［名］
授業料、学費
□学期　xuéqī　［名］
学期
□学术　xuéshù　［名］
学術
□学问　xuéwen　［名］
学問、学術
□血液　xuèyè　［名］
血液

- □训练　xùnliàn　[動]
  訓練する
- □迅速　xùnsù　[形]
  速い、素早い
- □寻找　xúnzhǎo　[動]
  探す
- □虚心　xūxīn　[形]
  謙虚である、先入観がなく素直である

Y

- □压　yā　[動]
  押さえる、抑える、いつまでも手元に置く
- □牙　yá　[名]
  歯
- □沿　yán　[名]
  ふち、へり、〜に沿って
- □盐　yán　[名]
  塩
- □眼　yǎn　[名]
  目
- □演　yǎn　[動]
  演じる、演技する
- □咽　yàn　[動]
  飲む、飲み込む
- □延长　yáncháng　[動]
  延びる、延長する
- □仰　yǎng　[動]
  仰ぐ
- □养　yǎng　[動]
  養う、動物を飼育する、植物を栽培する、大事にする、養生する
- □样　yàng　[量]
  種類を数える
- □严格　yángé　[動]
  厳格にする、厳しくする
  [形]　厳しい
- □阳光　yángguāng　[名]
  太陽の光、日光
- □眼镜　yǎnjìng　[名]
  眼鏡
- □研究所　yánjiūsuǒ　[名]
  研究所
- □眼泪　yǎnlèi　[名]
  涙
- □眼前　yǎnqián　[名]
  目の前の場所
- □严肃　yánsù　[形]
  厳かである
  [動]　厳しくする
- □演员　yǎnyuán　[名]
  役者、俳優
- □严重　yánzhòng　[形]
  厳しい、厳重である、重大である、深刻である
- □腰　yāo　[名]
  腰
- □摇　yáo　[動]
  揺れる、振る
- □咬　yǎo　[動]
  噛む、かじる
- □要紧　yàojǐn　[形]
  重要である、重大である
- □邀请　yāoqǐng　[動]
  招聘する、招待する
  [名]　招待

- □圧迫　yāpò　[動]
  圧迫する
- □牙刷　yáshuā　[名]
  歯ブラシ
- □夜里　yèli　[名]
  夜、夜間
- □夜晚　yèwǎn　[名]
  夜、夜間
- □业务　yèwù　[名]
  業務、仕事
- □爷爷　yéye　[名]
  父方の祖母
- □业余　yèyú　[形]
  業務時間以外の
- □叶子　yèzi　[名]
  葉
- □一～就　yī~jiù　[副]
  ～すると
- □移　yí　[動]
  移動する、移す
- □已　yǐ　[副]
  すでに
- □以　yǐ　[前]
  ～を用いて、～で（もって）、～によって
  [接]　～で
- □一半　yībàn　[名]
  半分
- □一边　yībiān　[名]
  物の一方、傍ら
- □异常　yìcháng　[形]
  尋常でない、普通と違う
- □一道　yīdào　[副]
  一緒に

- □移动　yídòng　[動]
  移動する、位置を変える
- □一方面～一方面
  yī fāngmiàn~yī fāngmiàn
  一方では～他方では～
- □以及　yǐjí　[接]
  ならびに、および
- □依靠　yīkào　[動]
  頼る、頼りにする
  [名]　頼り、よりどころとする物や人
- □以来　yǐlái　[名]
  ～以来、～このかた
- □议论　yìlùn　[動]
  議論する
- □银　yín　[名]
  銀
- □印　yìn　[動]
  跡を残す、印刷する、ぴったりと合う
- □因此　yīncǐ　[接]
  それで、従って
- □以内　yǐnèi　[名]
  ～の内、～以内
- □因而　yīn'ér　[接]
  従って、だから
- □应　yīng　[助動]
  すべきである、～しなければならない
- □硬　yìng　[形]
  硬い、(性格、意志、態度が) かたい
- □应当　yīngdāng　[助動]
  ～すべきである、～しなければなら

183

ない
- □ 迎接　yíngjiē　［動］
  迎える、歓迎する
- □ 英雄　yīngxióng　［名］
  英雄
- □ 営养　yíngyǎng　［名］
  栄養
- □ 営业　yíngyè　［動］
  営業する
- □ 英勇　yīngyǒng　［形］
  勇敢である、雄雄しい
- □ 応用　yìngyòng　［動］
  使用する、応用する
- □ 影子　yǐngzi　［名］
  影、水や鏡に映った姿、ぼんやりとした形
- □ 引起　yǐnqǐ　［動］
  引き起こす、もたらす
- □ 印刷　yìnshuā　［動］
  印刷する
- □ 因素　yīnsù　［名］
  要素
- □ 印象　yìnxiàng　［名］
  印象
- □ 一齐　yīqí　［副］
  一斉に、同時に
- □ 仪器　yíqì　［名］
  器械、計器
- □ 以上　yǐshàng　［名］
  以上、（〜より）上
- □ 一生　yīshēng　［名］
  一生
- □ 一时　yīshí　［名］
  ある時期、一時、しばらく

- □ 一同　yītóng　［副］
  一緒に、同時に
- □ 以外　yǐwài　［名］
  〜の外、〜以外
- □ 意外　yìwài　［形］
  意外である、思いがけない
  ［名］思わぬ事故
- □ 疑问　yíwèn　［名］
  疑問、疑い
- □ 医务室　yīwùshì　［名］
  医務室
- □ 以下　yǐxià　［名］
  以下、後、次
- □ 一下子　yīxiàzi　［副］
  いきなり、急に
- □ 医学　yīxué　［名］
  医学
- □ 一〜也　yī~yě
  少しも〜しない
- □ 一致　yīzhì　［動］
  一致する
- □ 意志　yìzhì　［名］
  意志
- □ 拥抱　yōngbào　［動］
  抱き合う
- □ 用不着　yòng bu zháo
  必要ない
- □ 用处　yòngchu　［名］
  使い道、用途
- □ 勇敢　yǒnggǎn　［形］
  勇敢である
- □ 用功　yòng gōng
  勉強に励む
- □ 拥护　yōnghù　［動］

擁護する、支持する
□用力　yòng lì
　力を入れる
□勇气　yǒngqì　［名］
　勇気
□由　yóu　［前］
　〜によって、〜から
□油　yóu　［動］
　油で汚れる
□右边　yòubian　［名］
　右
□有的是　yǒudeshì　［動］
　多くある、たくさんある
□优点　yōudiǎn　［名］
　優れた点
□有（一）点儿　yǒu (yī) diǎnr　［副］
　少し、やや
□有关　yǒuguān　［動］
　関係がある
□悠久　yōujiǔ　［形］
　悠久である
□游览　yóulǎn　［動］
　遊覧する
□有力　yǒulì　［形］
　力がある
□有利　yǒulì　［形］
　有利である
□优良　yōuliáng　［形］
　品質や成績が優良である
□优美　yōuměi　［形］
　優美である
□有趣　yǒuqù　［形］
　面白い、興味深い
□有时　yǒushí　［副］

時には
□有效　yǒuxiào　［形］
　有効である
□优秀　yōuxiù　［形］
　優秀である
□有用　yǒu yòng
　役に立つ
□游泳池　yóuyǒngchí　［名］
　プール
□由于　yóuyú　［前］
　（原因・理由を示す）〜のために、
　〜によって
□于　yú　［前］
　〜に、〜で、〜にとって
□与　yǔ　［前］
　（対象を示す）〜に、〜と
　［接］〜と
□遇　yù　［動］
　出会う、巡り合う、遇する
□员　yuán　［名］
　ある職についている人、メンバー
□院　yuàn　［名］
　中庭
□原料　yuánliào　［名］
　原料
□愿望　yuànwàng　［名］
　願望、望み
□原因　yuányīn　［名］
　原因
□原则　yuánzé　［名］
　原則
□院长　yuànzhǎng　［名］
　学校や病院などの長
□圆珠笔　yuánzhūbǐ　［名］

185

ボールペン
- 院子 yuànzi ［名］
中庭
- 预备 yùbèi ［動］
準備する、〜するつもりである
- 语调 yǔdiào ［名］
語調
- 约 yuē ［動］
約束する
［副］ およそ
- 阅读 yuèdú ［動］
読む、閲読する
- 约会 yuēhuì ［動］
会う約束をする
- 越来越 yuè lái yuè
だんだん〜になる、ますます〜になる
- 阅览室 yuèlǎnshì ［名］
閲覧室
- 越〜越 yuè〜yuè
〜すればするほど〜になる
- 遇见 yù jiàn
出くわす
- 羽毛球 yǔmáoqiú ［名］
バドミントン
- 玉米 yùmǐ ［名］
トウモロコシ
- 运 yùn ［動］
運ぶ
- 运动会 yùndònghuì ［名］
運動会
- 运动员 yùndòngyuán ［名］
スポーツ選手
- 运输 yùnshū ［動］

運ぶ、運送する、輸送する
［名］ 運送
- 允许 yǔnxǔ ［動］
許す、許可する
- 运用 yùnyòng ［動］
運用する、利用する
- 语气 yǔqì ［名］
口調、語気
- 于是 yúshì ［接］
そこで、それで
- 雨衣 yǔyī ［名］
レインコート
- 语音 yǔyīn ［名］
（言語の）音声

Z

- 杂 zá ［動］
いりまじっている
［形］ 多種多様である
- 灾 zāi ［名］
災害、不幸
- 灾害 zāihài ［名］
災害
- 杂技 zájì ［名］
サーカス
- 赞成 zànchéng ［動］
賛成する、同意する
- 暂时 zànshí ［副］
当分、さしあたり
- 造 zào ［動］
作る、製造する
- 遭到 zāodào ［動］
（好ましくないことに）出会う、遭

遇する
- □ 糟糕　zāogāo　[形]
  （状況が）まずい、大変だ
- □ 造句　zào jù
  文を作る
- □ 遭受　zāoshòu　[動]
  （不幸や災害などに）遭う
- □ 则　zé　[接]
  〜ならば
- □ 增长　zēngzhǎng　[動]
  増える、増やす
- □ 责任　zérèn　[名]
  責任
- □ 扎　zhā　[動]
  （とがったもので）刺す、潜る、潜り込む
- □ 摘　zhāi　[動]
  ちぎる、もぐ、抜粋する、選び出す
- □ 窄　zhǎi　[形]
  狭い
- □ 粘　zhān　[動]
  粘りつく、くっつく、（のりなどで）物と物をくっつける
- □ 展出　zhǎnchū　[動]
  展示する、展覧する
- □ 战斗　zhàndòu　[動]
  戦闘する、戦う
- □ 章　zhāng
  歌曲・詩・文章などの段落を数える
- □ 涨　zhǎng　[動]
  （水位・物価などが）上がる
- □ 丈　zhàng　[量]
  長さの単位、丈
- □ 丈夫　zhàngfu　[名]

夫、主人
- □ 展开　zhǎn kāi
  広げる、開く、展開する、繰り広げる
- □ 展览会　zhǎnlǎnhuì　[名]
  展示会、見本市
- □ 战胜　zhànshèng　[動]
  打ち勝つ
- □ 战士　zhànshì　[名]
  戦士、兵士
- □ 战争　zhànzhēng　[名]
  戦争
- □ 着　zháo　[動]
  接触する、着く、感じる、受ける、火がつく、明かりがともる、（動詞の後ろに置き）動作の目的が達せられること、結果が現れることを表す
- □ 照　zhào　[動]
  照らす、輝く、映す、撮る
  [前]　〜の通りに
- □ 照常　zhàocháng　[形]
  平常通りである
- □ 招待　zhāodài　[動]
  接待する、もてなす
- □ 招待会　zhāodàihuì　[名]
  歓迎会、レセプション
- □ 招呼　zhāohu　[動]
  呼ぶ、呼びかける、挨拶する、言いつける、知らせる
- □ 召开　zhàokāi　[動]
  召集して会議を開く
- □ 照片　zhàopiàn　[名]
  写真
- □ 折　zhé　[動]

折る、方向を変える、引き返す
- □ 这边　zhèbiān
　こちら、こっち
- □ 针　zhēn　[名]
　根、ピン、針のような物、注射
- □ 阵　zhèn　[名]
　陣地、戦場
　[量]　一定時間続く動作を数える
- □ 针对　zhēnduì　[動]
　正面から立ち向かう、ねらいを合わせる
- □ 争　zhēng　[動]
　争う、競う、言い争う
- □ 睁　zhēng　[動]
　目を見開く、目を見張る
- □ 正　zhèng　[形]
　まっすぐである、向きが正しい、正しい、正当である、純正である、混じりけがない、公正である、正直だ
- □ 政策　zhèngcè　[名]
　政策
- □ 正常　zhèngcháng　[形]
　正常である、規則が正しい
- □ 整个　zhěnggè　[形]
　全体の、全部の
- □ 正好　zhènghǎo　[形]
　ちょうどいい
- □ 整理　zhěnglǐ　[動]
　整理する、片付ける
- □ 争论　zhēnglùn　[動]
　論争する、口論する
- □ 证明　zhèngmíng　[動]
　証明する
　[名]　証明書
- □ 征求　zhēngqiú　[動]
　広く求める、募集する
- □ 争取　zhēngqǔ　[動]
　勝ち取る、努力する
- □ 正式　zhèngshì　[形]
　正式である、公式である
- □ 真理　zhēnlǐ　[名]
　真理
- □ 真实　zhēnshí　[形]
　真実である、本当である
- □ 哲学　zhéxué　[名]
　哲学
- □ 织　zhī　[動]
　織る、編む
- □ 直　zhí　[動]
　まっすぐにする
　[形]
　まっすぐである、率直である、正直である
- □ 直　zhí　[副]
　ずっと、直接に、絶え間なく、しきりに
- □ 止　zhǐ　[動]
　止まる、やむ、期限を切る
- □ 至　zhì　[動]
　至る
- □ 治　zhì　[動]
　治療する、こらしめる
- □ 支持　zhīchí　[動]
　もちこたえる、こらえる、支持する、応援する
- □ 指出　zhǐchū　[動]
　指摘する
- □ 指导　zhǐdǎo　[動]

指導する
- □ 直到　zhídào　［動］
~にいたる、~になる
- □ 值得　zhíde　［動］
値段だけの価値がある、引き合う、~に値する、~する義務がある
- □ 制订　zhìdìng　［動］
新たに作り上げ制定する
- □ 制定　zhìdìng　［動］
（法律・規則・計画などを）定める、制定する
- □ 制度　zhìdù　［名］
制度
- □ 职工　zhígōng　［名］
従業員、社員
- □ 之后　zhī hòu　［名］
（時間・空間的に）~の後、その後、それから
- □ 指挥　zhǐhuī　［動］
指揮する
［名］指揮をする人
- □ 直接　zhíjiē　［形］
直接の、直接的な
- □ 至今　zhì jīn
今に至るまで
- □ 质量　zhìliàng　［名］
質、品質
- □ 之前　zhī qián　［名］
（時間・空間的に）~の前
- □ 之上　zhī shàng　［名］
~の上、~以上
- □ 至少　zhìshǎo　［副］
少なくとも
- □ 只是　zhǐshì　［副］
ただ~にすぎない、ひたすら~するだけである
［接］しかし、ただ
- □ 指示　zhǐshì　［動］
指示する
［名］指示
- □ 植物　zhíwù　［名］
植物
- □ 之下　zhī xià　［名］
~の下、~以下
- □ 执行　zhíxíng　［動］
実行する、実施する、執行する
- □ 秩序　zhìxù　［名］
秩序
- □ 只要　zhǐyào　［接］
~しさえすれば、~さえすれば
- □ 职业　zhíyè　［名］
職業
- □ 之一　zhī yī
~の一つ
- □ 只有　zhǐyǒu　［副］
ただ~だけ
［接］~してはじめて、ただ~だけが
- □ 支援　zhīyuán　［動］
支援する、助ける
［名］応援
- □ 制造　zhìzào　［動］
作る、製造する、作り出す、でっちあげる
- □ 之中　zhī zhōng　［名］
~の中、~のうち
- □ 种　zhòng　［動］
種をまく、植える

189

- 中餐　zhōngcān　[名]
  中国料理
- 重大　zhòngdà　[形]
  重大である
- 重点　zhòngdiǎn　[名]
  重点
  [形]　重要である
- 重量　zhòngliàng　[名]
  重量、重さ、目方
- 重视　zhòngshì　[動]
  重視する
- 中心　zhōngxīn　[名]
  中心、真ん中、事物の主要部分、重要な役割を果たしている施設・組織・地区
- 中央　zhōngyāng　[名]
  中央、真ん中、国家や政治団体の最高指導機構
- 中药　zhōngyào　[名]
  漢方薬
- 终于　zhōngyú　[副]
  ついに、結局
- 种子　zhǒngzi　[名]
  種、主力選手
- 周到　zhōudào　[形]
  行き届いている
- 株　zhū　[名]
  切り株
- 煮　zhǔ　[動]
  煮る、ゆでる、炊く
- 抓　zhuā　[動]
  つかむ、つかまる、かく、ひっかく、捕まえる、力を入れる、重視する
- 抓紧　zhuājǐn
  しっかりつかむ
- 转　zhuǎn　[動]
  （向き・位置・情況などを）変える、変わる
- 转　zhuàn　[動]
  回転する、回る
- 转变　zhuǎnbiàn　[動]
  変わる、転換する
- 撞　zhuàng　[動]
  ぶつかる、出くわす、出会う、試しにやって見る
- 转告　zhuǎngào　[動]
  伝言する、代わって伝える
- 庄稼　zhuāngjia　[名]
  農作物
- 状况　zhuàngkuàng　[名]
  状況
- 状态　zhuàngtài　[名]
  状態
- 庄严　zhuāngyán　[形]
  厳である、厳粛である
- 专家　zhuānjiā　[名]
  専門家
- 专门　zhuānmén　[形]
  専門の　[副]
  わざわざ、もっぱら
- 专心　zhuānxīn　[形]
  一心不乱である、集中する
- 专业　zhuānyè　[名]
  専攻、専門の業務
- 逐步　zhúbù　[副]
  しだいに、だんだんと
- 主动　zhǔdòng　[動]
  自発的に行う

- □ 主观　zhǔguān　[形]
  主観的である
  [名]　主観的な考え
- □ 祝贺　zhùhè　[動]
  祝う
  [名]　お祝い
- □ 追　zhuī　[動]
  追う、追いかける
- □ 逐渐　zhújiàn　[副]
  しだいに、だんだんと
- □ 著名　zhùmíng　[形]
  有名である
- □ 准　zhǔn　[動]
  許す
  [形]　正確である
- □ 准确　zhǔnquè　[形]
  正確である、正しい
- □ 准时　zhǔnshí　[形]
  時間通りである
- □ 捉　zhuō　[動]
  捕らえる、捕まえる
- □ 主人　zhǔrén　[名]
  接待側、ホスト、雇用者、所有者、主人公
- □ 主任　zhǔrèn　[名]
  主任
- □ 主席　zhǔxí　[名]
  会議の議長、座長、主席
- □ 住院　zhù yuàn
  入院する
- □ 主张　zhǔzhāng　[動]
  主張する
  [名]　主張
- □ 竹子　zhúzi　[名]
  竹
- □ 著作　zhùzuò　[動]
  著述する
- □ 紫　zǐ　[形]
  紫色の
- □ 自　zì　[前]
  〜から、〜より
- □ 自从　zìcóng　[前]
  (過去のある時点を起点として)〜から、〜より
- □ 自动　zìdòng　[副]
  自ら進んで、ひとりでに〜する
- □ 自费　zìfèi　[動]
  費用を自己負担している
- □ 自觉　zìjué　[動]
  自覚する
  [形]　自覚している
- □ 资料　zīliào　[名]
  生活・生産上の必需品、資料
- □ 自然　zìrán　[名]
  自然
  [形]　自然である
- □ 自我　zìwǒ　[名]
  自己、自ら、自我
- □ 仔细　zǐxì　[形]
  細い、綿密である、用心深い、注意深い
- □ 自学　zìxué　[動]
  独学する、独習する
- □ 自由　zìyóu　[名]
  自由
  [形]　自由である
- □ 资源　zīyuán　[名]
  資源

□综合　zōnghé　［動］
綜合する
□总结　zǒngjié　［動］
総括する
［名］　総括
□总理　zǒnglǐ　［名］
総理
□总统　zǒngtǒng　［名］
大統領
□走道儿　zǒu dàor
歩く
□组　zǔ　［動］
組織する、組み合わせる
［名］　グループ、組、セット
□钻　zuān　［動］
穴をあける、潜り込む、通りぬける、深く研究する
□钻研　zuānyán　［動］
掘り下げて研究する
□醉　zuì　［動］
酔う
□最好　zuìhǎo　［副］
できるだけ〜したほうがよい、できることなら
□尊敬　zūnjìng　［動］
尊敬する、敬う
□遵守　zūnshǒu　［動］
遵守する
□坐班　zuò bān
毎日決まった時間に出退勤する
□左边　zuǒbian　［名］
左側、左の方、左
□做法　zuòfǎ　［名］
やり方、方法
□作家　zuòjiā　［名］
作家
□做客　zuò kè
（よその家を訪問し）客になる
□做梦　zuò mèng
夢を見る、（実現不可能なことを）空想する、幻想する
□作品　zuòpǐn　［名］
（文学や芸術の）作品
□座谈　zuòtán　［動］
形式にとらわれずに討論する、座談する
□作为　zuòwéi　［動］
〜とする、〜にする
［前］　〜として
□座位　zuòwèi　［名］
座席、椅子など腰掛けることのできるもの
□作文　zuò wén
作文する
□作用　zuòyòng　［動］
影響を与える、作用する
［名］　作用、影響、効果、働き
□左右　zuǒyòu　［助］
左右、前後、くらい
［動］　左右する
□作者　zuòzhě　［名］
作者

練習問題解答

1課

Ⅰ．リーディングにチャレンジ

1．(1) ③　　(2) ④　　(3) ②
2．(1) ①　　(2) ②　　(3) ③
3．(1) ①　　(2) ③　　(3) ④
4．(1) ③　　(2) ④　　(3) ③
5．(1) ②　　(2) ③　　(3) ①
6．(1) ②　　(2) ③　　(3) ①

Ⅱ．ライティングにチャレンジ

(1) ④　　(2) ③　　(3) ①

Ⅲ．リスニングにチャレンジ　解答は____で示す。

　　早晨七点整，小李被闹钟吵醒了。平时他起得很晚，经常迟到。

(1) 小李是几点起来的？

　①<u>早晨七点</u>　　②上午十点　　　③中午十二点　　④下午一点半

(2) 谁把小李吵醒的？

　①<u>闹钟</u>　　　　②他爸爸　　　　③他妹妹　　　　④小王

(3) 闹钟是几点响的？

　①差十分七点　　②<u>早晨七点</u>　　③早晨七点二十分　④早晨七点零五分

2課

Ⅰ．リーディングにチャレンジ

1．(1) ①　　(2) ④　　(3) ③
2．(1) ④　　(2) ②　　(3) ①

3. (1) ③　(2) ④　(3) ④
4. (1) ③　(2) ②　(3) ②
5. (1) ②　(2) ③　(3) ④
6. (1) ②　(2) ①　(3) ③

Ⅱ．ライティングにチャレンジ

(1) ④　(2) ③　(3) ③

Ⅲ．リスニングにチャレンジ

　　小王收到了一个外号叫老外的老同学的电子邮件。他要来北京出差。他让小王抽空儿陪他转转。

(1) 小王收到了谁的电子邮件？
　　①小李的　　　　②处长的　　　　③科长的　　　　④老同学的
(2) 小王的同学的外号叫什么？
　　①外国人　　　　②老外　　　　　③眼镜　　　　　④翻译
(3) 小王的老同学找她有什么事儿？
　　①请小王吃饭　　②让她到车站接他　③让小王陪他转转　④让小王请客

3課

Ⅰ．リーディングにチャレンジ

1. (1) ④　(2) ②　(3) ③
2. (1) ①　(2) ②　(3) ④
3. (1) ④　(2) ②　(3) ④
4. (1) ③　(2) ②　(3) ①
5. (1) ②　(2) ③　(3) ③
6. (1) ④　(2) ②　(3) ③

Ⅱ．ライティングにチャレンジ

(1) ③　(2) ②　(3) ③

Ⅲ．リスニングにチャレンジ

　　小李早饭吃的是两片儿面包、一个荷包蛋和一杯牛奶。他是用智能烤箱做的早饭。智能烤箱是他自己买的。

(1) 早饭小李吃的是什么？

①两片儿面包、一个荷包蛋和一杯咖啡　②两个包子、一个荷包蛋和一杯牛奶

③两片儿面包、一个荷包蛋和两杯牛奶　④<u>两片儿面包、一个荷包蛋和一杯牛奶</u>

(2) 小李怎么做的早饭？

①<u>用智能烤箱做的</u>　②用微波炉做的　③用煤气炉做的　④用电饭锅做的

(3) 谁买的智能烤箱？

①小李的妈妈买的　②小王买的　③<u>小李自己买的</u>　④小李的同事买的

4課

Ⅰ．リーディングにチャレンジ

1. (1) ③　(2) ②　(3) ④
2. (1) ④　(2) ①　(3) ④
3. (1) ②　(2) ①　(3) ③
4. (1) ①　(2) ②　(3) ③
5. (1) ③　(2) ②　(3) ①
6. (1) ②　(2) ④　(3) ①

Ⅱ．ライティングにチャレンジ

(1) ②　(2) ①　(3) ④

Ⅲ．リスニングにチャレンジ

　　早晨八点，小李的手机一发出"先生、请上班"的声音，小李就从家里出来上班。小王每天上班时，先坐地铁，然后再换坐班车。

(1) 小李是几点从家里出来的？

①差五分七点　②八点半　③<u>八点</u>　④八点四十五分

(2) 到了八点，小李的手机发出什么声音？

195

① "先生，请上班"　　　　　　　② "先生，您早"
③ "先生，再见"　　　　　　　　④ "先生,请您用早餐"
(3) 小王每天上班坐什么车？
①坐班车　　　　　　　　　　　②先坐地铁再换坐班车
③先坐地铁再换坐电车　　　　　④骑自行车到车站，再坐班车

5課

Ⅰ．リーディングにチャレンジ

1. (1) ③　　(2) ③　　(3) ②
2. (1) ④　　(2) ①　　(3) ②
3. (1) ③　　(2) ①　　(3) ④
4. (1) ④　　(2) ①　　(3) ④
5. (1) ③　　(2) ②　　(3) ①
6. (1) ①　　(2) ③　　(3) ④

Ⅱ．ライティングにチャレンジ

(1) ④　　(2) ③　　(3) ②

Ⅲ．リスニングにチャレンジ

　　小王今天是坐地铁去的学校。小李坐的那趟车人不太多。小李想起了今天晚上有奥运会实况转播。

(1) 小王今天是怎么去学校的？
①坐车去的　　　　②走着去的　　　　③开车去的　　　　④骑自行车去的
(2) 小李坐的那趟车人多不多？
①人特别多　　　　　　　　　　②人不太多
③有二百多人　　　　　　　　　④车箱里只有他一个人
(3) 小李想起了什么事？
①明天上午开会　　　　　　　　②今晚有足球比赛
③今晚请小王吃饭　　　　　　　④今晚有奥运会实况转播

196

6課

Ⅰ．リーディングにチャレンジ

1．(1) ②　　(2) ④　　(3) ③
2．(1) ②　　(2) ③　　(3) ③
3．(1) ②　　(2) ③　　(3) ④
4．(1) ②　　(2) ④　　(3) ②
5．(1) ④　　(2) ②　　(3) ④
6．(1) ④　　(2) ③　　(3) ②

Ⅱ．ライティングにチャレンジ

(1) ①　　(2) ④　　(3) ②

Ⅲ．リスニングにチャレンジ

　　早晨科长给小李来电话说，他想让小李到广州出差。今天上班后他想和小李商量一下有关事情。小李听了很高兴。

(1) 早晨谁给小李来的电话？
　①老同学　　　②处长　　　③他的同事　　　<u>④科长</u>

(2) 早晨小李接到的电话的内容是什么？
　①他的老师让他去一趟　　　②他的同事要来他家玩儿
　③小王请他看电影　　　<u>④科长和他商量他去广州出差的事儿</u>

(3) 小李对让他出差这件事是怎么想的？
　①他不愿意去　　　②他想听听小王的意见
　<u>③他愿意去</u>　　　④他想这次不去，下次去

7課

Ⅰ．リーディングにチャレンジ

1．(1) ③　　(2) ③　　(3) ④
2．(1) ③　　(2) ④　　(3) ①

197

3．(1) ④　　(2) ④　　(3) ③
4．(1) ②　　(2) ①　　(3) ②
5．(1) ②　　(2) ②　　(3) ②
6．(1) ④　　(2) ①　　(3) ③

Ⅱ．ライティングにチャレンジ

(1) ③　　(2) ④　　(3) ②

Ⅲ．リスニングにチャレンジ

　　小李家里的电脑给他发来了通知。说冰箱里的水果和鸡蛋的存量不足。只要小李同意买，电脑就会向网络商店订购。晚上小李和小王在老地方见面。他们一起去小李家看奥运会实况转播。

(1) 谁给小李发来的通知？

　①小李的上司　　　②小李的邻居　　　③小李的家里人　　<u>④小李家里的电脑</u>

(2) 通知的内容是什么？

　①说冰箱坏了　　　　　　　　　　　<u>②说冰箱里的水果和鸡蛋存量不足</u>

　③说冰箱里的东西不多了　　　　　　④说冰箱里的鱼肉和蔬菜的存量不足

(3) 晚上小李和小王在哪儿见面？

　①在公园门口　　　　　　　　　　　②在地铁车站

　<u>③在老地方</u>　　　　　　　　　　　　④在超级市场的门口

8課

Ⅰ．リーディングにチャレンジ

1．(1) ②　　(2) ①　　(3) ③
2．(1) ③　　(2) ①　　(3) ②
3．(1) ④　　(2) ③　　(3) ①
4．(1) ①　　(2) ③　　(3) ④
5．(1) ③　　(2) ②　　(3) ③
6．(1) ④　　(2) ①　　(3) ②

Ⅱ．ライティングにチャレンジ

(1) ②　　(2) ②　　(3) ③

Ⅲ．リスニングにチャレンジ

约会的时间到了。可是小王没来。小王下班后，因为路上堵车，所以来晚了。因为时间很紧，所以他们坐出租汽车去小李的家。小李住在长春路五十五号。

(1) 小王为什么来晚了？

　①看电影　　　　②逛商店　　　　③听音乐会　　　<u>④堵车</u>

(2) 他们今晚有什么安排？

　①看球赛　　　　　　　　　　②和老同学聚会

　③到饭店吃饭　　　　　　　　<u>④看奥运会实况转播</u>

(3) 小李住在什么地方？

　<u>①长春路五十五号</u>　②上海路十四号　③北京街二十六号　④广州路三十号

9課

Ⅰ．リーディングにチャレンジ

1．(1) ②　　(2) ③　　(3) ①
2．(1) ④　　(2) ②　　(3) ②
3．(1) ③　　(2) ④　　(3) ①
4．(1) ①　　(2) ②　　(3) ①
5．(1) ③　　(2) ④　　(3) ①
6．(1) ②　　(2) ④　　(3) ①

Ⅱ．ライティングにチャレンジ

(1) ①　　(2) ②　　(3) ①

Ⅲ．リスニングにチャレンジ

因为明天厦门刮台风，飞机不能起飞了。科长让小李休完假再去。小王为了预祝中国队取得好成绩，几天前就已经预备好了一瓶葡萄酒。

(1) 飞机不能起飞的原因是什么？

①有大雾　　　　②刮台风　　　　③发生了地震　　　　④有暴风雨
(2) 科长让小李什么时候出差？
①下星期　　　　②这个星期六　　③两周以后　　　　④休完假以后
(3) 小李订了什么菜？
①麻婆豆腐　　　②糖醋鲤鱼　　　③小王爱吃的菜　　④宫保鸡丁

10課

Ⅰ．リーディングにチャレンジ

1．(1) ③　　(2) ②　　(3) ③
2．(1) ②　　(2) ①　　(3) ③
3．(1) ②　　(2) ②　　(3) ④
4．(1) ①　　(2) ②　　(3) ③
5．(1) ①　　(2) ②　　(3) ③
6．(1) ①　　(2) ④　　(3) ①

Ⅱ．ライティングにチャレンジ

(1) ③　　(2) ③　　(3) ③

Ⅲ．リスニングにチャレンジ

　　小李和小王在小李的家里看奥运会实况转播。为了让小王高兴，小李不仅根据小王的习惯设定了房间里的灯光和温度，而且还订了一桌丰盛的晚餐。奥运会实况转播开始了。他们边吃饭边欣赏奥运会开幕式。

(1) 小李和小王在哪儿看奥运会开幕式？
①在小李的公司里　　　　　　　②在小李的家里
③在小王家附近的饭店里　　　　④在朋友的房间里
(2) 房间里的灯光、温度是根据谁的习惯设计的？
①是根据小王的习惯设计的　　　②是根据小李的习惯设计的
③是根据他们两个人的习惯设计的　④是根据小李的朋友的习惯设计的
(3) 他们什么时候吃晚饭？是不是到外面吃？

200

①看完奥运会开幕式以后在家里吃　　②他们已经在路上吃过了
③<u>在家里边吃饭边欣赏奥运会开幕式</u>　　④开幕式结束以后到外面吃

日本語訳

1課　新しい一日

李：おはよう。新しい一日がまた始まったよ。

王：今日あなたはどうしてこんなに早く起きたの？

李：わかってるくせに。今君に言おうとしているところだよ。

王：どうしたの？

李：私が夢を見ていると、丁度目覚まし時計がしばらく鳴って、それからまた君の「この怠けもの、もう七時だよ、早く起きなさい」という声が聞えたんだ。

王：そういえば、昨日、私があなたに目覚まし時計を買って上げて本当によかったわ。そうでなかったら、あなたは今日絶対まだ起きられないでしょう。そうだ、あなたはどんな夢を見たの？教えてもらえない？

李：急に目覚まし時計に起こされたので、びっくりして全部忘れてしまったよ。

王：前回の夢では課長になったでしょう。今回は部長になったんじゃない？ハ、ハ、ハ。

訳してみよう（一）

　朝七時に李さんは目覚まし時計の音で起こされた。目覚まし時計は、李さんの彼女である王さんが昨日彼に買って上げたものである。李さんが起きてから始めにすることは、王さんとインターネットで世間話をすることである。

読んでみよう（一）

　李さんは北京大学を卒業して、現在はある貿易会社で働いている。彼のガールフレンドである王さんも北京大学の卒業生である。彼女はある大学の先生である。彼らは仕事がとても忙しくて、週末や祭日のほかに普段会えないので、二人は暇があるとすぐインターネットで話をする。

2課　起床後

李：こんなに早く起きて、今何をしているの？
王：私のパソコンは6時にはもう作動し始めているわ。私はまず歯を磨き、顔を洗い、それから今日のスケジュールで重なっているところがないかどうか、チェックしたわ。
李：今日はどんな予定があるの？
王：しばらくは内緒よ。同級生からメールを受け取ったの。
李：男の人、それとも女の人？
王：あててみて。彼のあだ名は「外国人」で、顔は外国人そっくりで、大きい目に高い鼻柱をしているのよ。
李：彼は君に何の用があるの？
王：彼は今日出張で北京に来るので、私に時間を取って彼をあっちこっちを案内してほしいと言っているの。

訳してみよう（二）

　朝6時に王さんはすでにパソコンを作動した。彼女は同級生から送ってきたメールを受け取った。内容は、この同級生が今日出張で北京に来るので、王さんが時間を取って彼をあっちこっちに案内してほしいというものだった。彼女の同級生は顔が外国人にそっくりなので、皆は彼を「外国人」というあだ名で呼んでいる。

読んでみよう（二）

　私は中国東北地方のある少数民族の家庭に生まれた。しかし、私が初めに聞いた言葉と習った言葉は中国語である。小学校、中学校の時、私が一番好きな授業は国語の授業だった。大学の願書の希望欄を書く時、私は迷わず「中国言語文学部」と記入した。大学を卒業後、私は母校の中国言語文学部の先生になった。日本に来てから、私は毎日中国語と付き合っている。学校では中国語を教え、家では中国語で話す。その中で私にとって一番楽しいことは、日本人学生と中国語で世間話をすることである。

3課　朝食

李：朝ご飯を食べたの？

王：私はあなたとは違うわ。朝起きられなくて、朝ご飯を食べる時間がないなんてことはないわ。

李：それは違うよ。私は起きるのは遅くても、朝ご飯を作ってくれる人がいるんだよ。

王：うそでしょう。誰が作るの？

李：びっくりしただろう。私は昨日オーブンレンジを買ったんだ。

王：怠け者には怠け者のやり方があるのね。朝ご飯は何を食べたの？

李：トースト二枚と目玉焼き一つと温かい牛乳一杯。

王：偉そうに。これからは、あなたは毎日寝坊することができてよかったわね。

訳してみよう（三）

李さんは普段遅く寝るので朝起きるのが遅く、よく朝ご飯を食べない。昨日彼はオーブンレンジを買った。今日の朝ご飯は彼はトースト二枚と目玉焼き一つに温かい牛乳一杯を飲んだ。

読んでみよう（三）

ある中年の男は妻と分かれて、また再婚した。結婚のその日の夜、彼は新しい妻に対して「私たち二人が知り合ったばかりのころ、君は三十九才と言ったのに、入籍の手続きをする時には45と記入しただろう。お前は一体どれぐらいの年になっているの？」と聞いた。それを聞いて新婦は「え、私が45と書いたの？あら、きっと私は緊張するあまり54を45に書き間違えたのよ」と言った。二人が寝ようとしたところ、新郎が「私は台所に行って、胡椒を入れている壺の蓋がちゃんとしまっているかどうかを確かめる。じゃないと、ネズミが盗んで食べてしまうぞ。」それを聞いて、新婦はハハハと笑いながら、「あなた本当に冗談がうまいわ、私は六十才まで生きてきたけど、ネズミが胡椒を盗んで食べるなんて初耳だよ」と言った。

4課　出かける

李：朝、食事の後、時間がなかったのでメールを見ずにそれを携帯電話に転送したんだ。

王：今携帯とパソコンとの間でデータ交換できるようになって本当に便利ね。

李：ボタンを押すと十秒もしない内に、見終わらなかったメールを携帯に転送することもできるのさ。

王：今日あなたは何時に家を出ましたか？

李：八時になると私の携帯はすぐ「李さん、出勤ですよ」という音を出すんだ。

王：私の携帯は「お嬢さん、七時半ですよ。またぐずぐずすると出勤バスに間に合わないですよ」と音を出しますよ。

李：今パソコンは私の生活の中で最も欠かせない伴侶と思っているんだ。

王：じゃ、あなたはパソコンと結婚したらいいじゃない。

訳してみよう（四）

　李さんは朝ご飯を食べてから、時計を見ると、もうそろそろ出勤時間になっていた。八時になると彼の携帯はすぐ「李さん、出勤時間ですよ」との音を出して、彼を催促する。李さんがパソコンのキーボードを押すと、見終わらなかったメールが十秒もかからないうちに携帯に転送される。彼は出勤の途中で続いてメールを見ることができる。李さんは、パソコンは彼の生活の中で欠かせない最もよい伴侶だと思っている。

読んでみよう（四）

　昔、ある泥棒がこっそり人の家に入り込んで物を盗もうとした。あいにくその家はとても貧乏で、家の中にはベッド一つと旧い壺が一個あるだけだった。壺がベットのそばに置いてあるので、泥棒はこっそり近づいて見たら、壺の中には米が少しあった。泥棒は服を脱いで、その服に米壺の中の米を注ごうとした。その時ベットで寝ていた家の主人が目を覚ました。

月の光の中で彼は泥棒を見た。彼は泥棒が体の向きを向こうに変えた瞬間を見て、こっそり手を伸ばして泥棒の服をベットの下に隠した。ちょうどその時、彼の妻も目が覚めた。妻は小さい声で「何か音が聞えたよ。泥棒じゃない？」「お前は寝言を言っているんじゃない？この部屋の中には何もないだろう。泥棒なんかいるわけないだろう。」泥棒はそれを聞いて、大きな声で「おれの服はここに置いたばかりで盗まれたんだ。どうして泥棒なんかいないと言うんだ。」と言った。

5課　出勤途中

李：今日君が乗っていた電車は混んでいなかった？

王：凄かったです。とても混んでいて私は汗でびっしょりになったわ。

李：私が乗った電車は空いている席があったよ。忘れるところだった。今晩オリンピックの生中継がある。

王：私が何日か前からあなたに「その中継を予約しておいて、何かあった時に見ることができるように」と言ったでしょう。

李：大丈夫だよ。今すぐ携帯で家のコンピュータに、どのチャンネルがいつ中継するかを調べて、時間になると、自動的に録画するように指示する。たとえ用事があって、帰れなくなっても、全部の試合が見れるんだ。

王：よかった。

李：そうだ。オリンピックの期間、君は毎日私の家に来て見たら。晩ご飯は私がおごるよ。

王：それじゃ、おっしゃるとおりにしますわ。

訳してみよう（五）

　今晩オリンピックの生中継がある。王さんは何日か前から李さんにその中継を予約しておいて、何かあった時に見ることができるようにと言った。李さんは急にそのことを思い出して、すぐ携帯で家のコンピュータにどのチャンネルがいつ中継するかを調べて、録画するように指示を出した。

読んでみよう（五）

　中国の学校は一年に２回休み――夏休みと冬休みがある。夏休みはちょうど一年の区切りとなるので、新しい学年を迎えるために、たくさんのことをしなければならない。高校卒業生は忙しい大学入試を経て、大学からの通知をやきもきしながら待っている。中国の大学は倍率が高いので、競争が比較的激しい。もし大学の合格通知を手にしたら、親戚と友だちは一緒に集まって、盛り上がりながらお祝いをする。大学入試で落ちた人の中には、気を取り直して、続けて頑張るものもいる。

6課　会社で

李：私は今朝出勤時間の20分前に会社に着いたんだ。
王：それは本当にめずらしいですね。今日あなたは時計を見間違ったんじゃない？
李：ちがう。朝、課長から、出勤したらアモイに出張することについて相談したいという電話があったんだ。
王：あなたはまた出張するの？あなた達の課の出張する仕事はどうして全部あなたひとりがするの？
李：ほかの人が行ったら課長は心配するからさ。
王：そんなことないでしょう。あなたをあまくみているんでしょう。
李：本当のことを言うと、私は出張するたびに怒るどころか喜んでいるんだよ。若いうちに仕事をできるだけたくさん覚えて、見聞も広げておくことは願ってもないことだろう。
王：せっかくの連休を楽しんでいたのに、あなたはまた出張するなんて、本当にうんざりだわ。

訳してみよう（六）

　朝、課長から李さんに明日アモイへの出張をお願いするので、出勤したら具体的に相談しようという電話があった。李さんはそれを聞いてとても喜んでいた。彼は若いうちに仕事をできるだけたくさん覚えて、見聞も広

げておくべきだと思っている。朝、彼は出勤時間より20分も早く会社に着いた。

読んでみよう（六）

　私が教えた日本人学生の中には中国の古詩を学んだものもいる。彼らの話によると、最初彼らは学校で学んだのだが、当時は日本式読み方で教えてもらったので、読むにはとても苦労したようだ。今彼らの中には正しく中国語で中国の古詩を朗読することができるばかりか、それを日本語に訳すこともできる人がいる。

7課　昼休み

李：さっき家のコンピュータから知らせを受けたんだ。
王：どんな知らせなの？
李：コンピュータが家の冷蔵庫を調べたところ、果物と卵がすぐなくなるということと、買うべき物も教えてくれたんだ。
王：じゃ。あなたは仕事が終ったら、教えられたとおりにスーパーに買いに行ったらいいじゃない？
李：私にはそんな暇はないよ。私が承諾さえすれば、コンピュータがインターネットデパートに注文し、そして直接私の電子マネーでお金を払うんだ。
王：そうだ。あなたは今日もまた残業するの？
李：残業しない。5時半にいつも会っている場所で会おう。
王：わかった。私が行くまで待っててね。

訳してみよう（七）

　李さんは家のコンピュータから冷蔵庫の中の果物と卵がすぐなくなるということと、買うべき物の知らせを受けた。李さんは買いに行く時間がないので、いつもコンピュータを通じてインターネットデパートに注文し、そして直接電子マネーでお金を払うのだ。

読んでみよう（七）

　中国人は相手の年齢を尋ねるとき、時には直接聞かないで、「あなたは何年(なにどし)の生れですか」と聞く。相手の生まれ年さえ分かれば、彼の年齢を知ることができる。これは中国人は昔から十二の生まれ年（ネズミ、牛、虎、ウサギ、龍、蛇、馬、羊、猿、鶏、犬、猪）と十二支（十二支の第1位、十二支の第2位、十二支の第3位、十二支の第4位、十二支の第5位、十二支の第6位、十二支の第7位、十二支の第8位、十二支の第9位、十二支の第10位、十二支の第11位、十二支の第12位）の組み合わせで、生まれた年を知ることができるからだ。十二支の第1位の年に生まれた人はネズミ年で、十二支の第2位の年に生まれた人は牛年である。中国語の中には「あなたは猿年じゃない？一日中じっとしているときはないから」、「あなたはウサギ年だったかい。道理であんなに臆病なんだ」など、生き生きした表現がある。中国のほかに古代のインド、ギリシャ、エジプトなどの国でも十二の生まれ年で年を記録した。

8課　退勤後

李：君はどうしてこんなに遅れたの？ちょうど30分遅れだよ。あなたがあの同級生とデートしに行ったじゃないかと思ったよ。

王：すみません。道がとても混んでいたの。タクシーに乗りましょう。

李：そうしよう。じゃないと間に合わないよ。

王：本当にいらいらするわ。どうしてまだ来ないの？

李：ここで待つより前の交差点に行って一台呼ぶ方がいいかもしれないな。

王：ほら。ちょうどタクシーが1台来たわ。急いで乗りましょう。

李：運転手さん、長春路55番までお願いします。

王：ちょっと近道をお願いします。できるだけ飛ばして下さい。私たちがオリンピックの中継に間に合うように。

訳してみよう（八）

　李さんは時間どおりに約束の場所で王さんを待っていた。彼ら二人は今晩李さんの家にオリンピック開幕式を見に行く。30分過ぎて王さんがやっと来た。みんな急いで家に帰ってオリンピック開幕式をみるようで、道はとても混んでいた。時間がないので、彼らはタクシーに乗った。タクシーに乗ると、彼らは運転手さんに急いで家に帰ってオリンピックの開幕式をみるので、近道を通って、できるだけ飛ばしてほしいとお願いした。

読んでみよう（八）

　ある日私が中級中国語の授業をしている時のことである。一人の学生がはあはあと息をはずませて、外から走って来て、私に中国語で「すみません。兄が誘拐されたので、遅れました」と言った。私はびっくりして、日本語で「えっ、お兄さんが誘拐されたって」と言ったら、その学生は急いで頭を横に振って、日本語で「誘拐されたんじゃなくて、引っ越ししたんです」と言った。みんなはそれを聞いてどっと笑った。中国語の中にはこういうような発音が似ていても意味が全然ちがう単語がたくさんあるので、中国語をちゃんとマスターするためには、時間を多く使っても発音という難関をクリアしなければならない。

9課　タクシーのなかで

李：さっきコンピュータで知ったけど、明日アモイに台風がくるので、飛行機は欠航になった。私が課長に電話したら、課長は休暇後行って来いと言ったんだ。

王：本当に？これが天候に助けられたということですね。私たちは思いきり休暇を楽しめるのね。

李：お腹が空いただろう。私はすでにコンピュータにあなたが好きな料理を予約するように指示したよ。私たちが帰ったらすぐ料理が届くはずだ。

王：じゃ、はやくすぐ家に着くと知らせて。

李：そうだ。ワインを一本追加するように言おう。
王：ほら、何日も前から私はすでに用意していたわ。
李：もし今度中国チームの金メダル数が三位以内になったら、私がおごるよ。
王：わかりました。約束よ。

訳してみよう（九）

　タクシーの中で李さんは王さんに、明日アモイに台風がくるので、飛行機が欠航になって、課長が李さんに休暇後行くようにと言われたことを告げた。王さんはそれを聞いて手をたたいて喜んでいた。こうなると彼ら二人は楽しく休暇を過ごすことができる。王さんは自分が買ったワインを持ち出した。李さんはすでにコンピュータを通じて王さんの好きな料理を注文していた。彼らが家に着いたら、レストランからすぐ料理が届いてくる。

読んでみよう（九）

　中国人は料理を作るのがとても上手である。調理法には蒸す、直火焼き、少量の油で焼き目をつける、炒める、強火でさっと炒める、油で揚げた材料をさっと煮る、油で揚げる、ゆでる、あえる、長期間煮込む、油で揚げたりした材料を煮込む、煮込みのあんかけ、あんかけにする、薄切りの材料を軽くゆでる（たれをつけて食べる）、とろ火で煮込む、揚げた材料をトウガラシ味噌で煮る、砂糖醤油で煮る、揚げた材料にあめをからませる、材料を油で揚げて辛味のあんをかける、鍋料理などがある。中国の伝統食品である餃子の例を挙げると、蒸す、ゆでる、少量の油で焼き目をつける、油で揚げる、鍋料理などいろいろな調理法がある。中華料理の中で比較的に有名なのは山東料理の中で、「コイの甘酢あんかけ」、「ニワトリのとろみ煮」、四川料理の中で、「鶏肉のトウガラシ炒め」、「マーボドウフ」、広東料理の中で、「子豚の丸焼き」、「鶏肉の広東風揚げ」江蘇・浙江料理中で「スッポンの甘煮」「カニの酒漬け」などで、どれも人々に人気がある伝統的な料理である。もしあなたが機会があって、中国へ行って、これらのおいしい料理を味わうことができたら、あなたはおいしいものにありつ

ける運があるといえる。

10課　オリンピックの中継を見る

李：ほら、この部屋の明り、温度はすべて君の習慣によって設定しているんだ。

王：聞いて、ベルが鳴ってるわ。きっとレストランが料理を届けに来たのよ。

李：料理を並べて、食べながら見よう。

王：あら、あいしい料理がこんなにたくさんあるの？

李：さあ、前もって中国チームがいい成績が取れるように乾杯しよう。

王：中国チームがすぐ勝つように祝いましょう。

李：僕たち二人がすぐ結婚できるように祝おう。

王：あなた、うるさいわ。見て、開幕式が始まったわ。

訳してみよう（十）

　「オ運会」はオリンピック運動会の略称である。オリンピック運動会は紀元前776年から4年ごとにギリシャのオリンピアで行われていた古代ギリシャの競技会まで遡ることができる。当時の試合項目は競走、円盤投げ、競馬、力の競いなどがあったが、あとでまた演劇、詩、音楽などの実演を加えた。今オリンピック運動会の試合項目は31種類にも達している。お互いに理解し合い、友情、団結及び公正（フェア）に競争するオリンピック精神が人々に受け入れられているので、オリンピック競技大会は全世界の注目を浴びている。

読んでみよう（十）

　日本で一番美しい季節は菊の花が一斉に咲いて、山の至る所まで紅葉が真っ赤に染める10月だと言われているが、私は桜の花が満開である4月こそ日本の一番魅力的な季節だと思う。日本で花と言うと人々は一番最初に桜の花を思い出す。私が最初に桜の花を見たのは中国の大連の郊外にあるダムの山腹のところだった。そこにはたくさんの桜の木が植えられていて、

桜の季節になると、木の上にはたくさんの白色、うすピンク色、桃色などのいろとりどりの花が咲いていた。毎年桜の季節になると私はそこに行って花見をした。私は桜の木の下に立つたびに、言葉で表すことができない感動に心を打たれた。桜の花はしなやかで美しく、またたく間に過ぎ去る。浮き雲のように飄然として現れて、またあか抜けしている格好でそよ風とともに去って行く。人々はその露のように短い命に対して悲しむほかに、自分の人生に対しても考える。日本に来てから毎年桜の季節になると、私は一人で桜の木の下に立って、静かに咲いたばかりでしぼもうとし、自分の輝かしい命に対して思い切れない桜の花を見て、杜甫の「江は碧にして鳥はいよいよ白く、山青くして花はもえんと欲す。今の春も目の当りに又過ぐ、何の日か是れ帰る年ぞ」という詩を吟味しながら、桜の花に「さようなら」の一言を言う。

著者簡略

金　路（キン　ロ）

東北師範大学中国言語文学学部卒業。同学中国言語文学学部専任講師、大連大學国際コミュニケーション学院助教授を経て来日、現在中国語非常勤講師。
　著書に
『読んで話す中国事情』（三修社2000年共著）
『読む、書く、聞く、話すコミュニケーション中国語（中級編）』（白帝社2001年）
『ユーモア中国語（中級編）』（駿河台出版社2002年）
『資格獲得中国語の第一歩』（白帝社2002年）
『コミュニケーション中国語』（駿河台出版社2004年共著）
など。

資格獲得
中国語ニューステップ（CD付）
定価（本体2,300円＋税）

2004.2.20　初版第1刷発行

発行所　株式会社　駿河台出版社
　　　　発行者　井　田　洋　二
〒101-0062　東京都千代田区神田駿河台3丁目7番地
電話　東京03(3291)1676(代)番
振替　00190-3-56669番　FAX03(3291)1675番
E-mail：edit@e-surugadai.com
URL：http://www.e-surugadai.com

製版　㈱フォレスト

ISBN4-411-01881-0　C1087　¥2300E